MOSAICO DE TRAÇOS, PALAVRAS, MATÉRIA

{A mostra

mostra promovida por
Scuole e Nidi d'Infanzia – Istituzione del Comune di Reggio Emilia

realizada por
Reggio Children

coordenação do projeto didático
"Mosaico de traços, palavras, matéria"

Daniela Lanzi, Deanna Margini, Annalisa Rabotti, Jovanka Rivi, Ivana Soncini, Paola Strozzi
pedagogistas

Mirella Ruozzi
atelierista

Scuole e Nidi d'Infanzia – Istituzione del Comune di Reggio Emilia

Vea Vecchi
atelierista responsável por mostras, editorial, ateliês Reggio Children

idealização e realização dos projetos didáticos
meninas e meninos, pedagogistas, atelieristas, professoras

creches municipais
Arcobaleno, Nilde Iotti, Sole, Panda

escolas da infância municipais
8 Marzo, Andersen, Anna Frank, Belvedere, Iqbal Masih, Martiri di Sesso, XXV Aprile

curadoria da mostra
Mirella Ruozzi, Vea Vecchi

coordenação e arquivo de materiais
Simonetta Bottacini, Mirella Ruozzi

desenvolvimento do projeto, realização e coordenação de vídeo
Sara De Poi, Mirella Ruozzi

projeto gráfico
Mali Yea

direção artística
Rolando Baldini

projeto de preparação do ambiente
Rolando Baldini, Mali Yea

comunicação e assessoria de imprensa
Serena Mallozzi, Francesca Severini

organização e logística
Davide Boni, Simonetta Bottacini

colaboração técnica e informática
Fabio Lucenti, Ivan Paoli

impressão
Madio Print

{O catálogo

curadoria de
Vea Vecchi, Mirella Ruozzi

contribuições de
Paola Cagliari, Claudia Giudici, Daniela Lanzi, Deanna Margini, Antonia Monticelli, Annalisa Rabotti, Mirella Ruozzi, Paola Strozzi, Ivana Soncini, Vea Vecchi

projeto gráfico e diagramação
Mali Yea

direção artística
Rolando Baldini

coordenação editorial
Michela Bendotti

edição
Michela Bendotti

MOSAICO DE TRAÇOS, PALAVRAS, MATÉRIA

Reggio Children e Escolas e Creches
da Infância de Reggio Emilia

Tradução
Thaís Bonini

Revisão técnica

Ana Teresa Gavião A. M. Mariotti

Mestre e Doutora em Psicologia e Educação pela Universidade de São Paulo (USP).
Diretora de Formação da Fundação Antonio-Antonieta Cintra Gordinho (FAACG) e Membro
do Conselho Estadual de São Paulo.
Cursando "Recognition Process for Teacher Educators on Reggio Emilia Approach", Reggio Emilia –
Itália (2019-2021). Membro do Network de Reggio Children (Estado de São Paulo – Brasil).

Aparecida de Fátima Bosco Benevenuto

Mestre em Literatura pela USP. Pós-graduada em "O Papel do Coordenador", Universidad Torcuato di
Tella e Reggio Children, com módulo realizado em Reggio Emilia. Diretora Institucional da FAACG.
Membro do Network de Reggio Children (Estado de São Paulo – Brasil).

Fernanda Dodi

Graduada em Artes Visuais pela Unicamp. Especialista em Linguagens da Arte pela USP. "Curso
Internacional de Aprofundamento em Educação Infantil" (2016-2017), FAACG/RedSOLARE/Unicamp/
Reggio Children, com módulo em Reggio Emilia. Professora de Artes na FAACG.

Reimpressão

Porto Alegre
2022

Obra originalmente publicada sob o título *Mosaico di grafiche, parole, materia.*
Copyright © 2015, originally published in Italian and in English by Reggio Children s.r.l. - Centro Internazionale per la difesa e la promozione dei diritti e delle potenzialità dei bambini e delle bambine - International Center for the defence and promotion of the rights and potential of all children, Reggio Emilia, Italia.
Originalmente publicada em italiano e inglês por Reggio Children e Escolas e Creches da Infância de Reggio Emilia.

www.reggiochildren.it
All rights reserved.

Gerente editorial: *Letícia Bispo de Lima*

Colaboraram nesta edição
Coordenadora editorial: *Cláudia Bittencourt*
Leitura final: *Heloísa Stefan*
Arte sobre capa original: *Kaéle Finalizando Ideias*
Adaptação do projeto gráfico original e editoração: *Kaéle Finalizando Ideias*

```
R334m    Reggio Children.
            Mosaico de traços, palavras, matéria / Reggio Children,
         Escolas e Creches da Infância de Reggio Emilia ; tradução :
         Thaís Bonini ; revisão técnica : Ana Teresa Gavião A. M.
         Mariotti, Aparecida de Fátima Bosco Benevenuto, Fernanda
         Dodi. – Porto Alegre : Penso, 2022.
            151 p. : il. ; 25 cm.

            ISBN 978-65-5976-006-0

            1. Educação infantil. I. Escolas e Creches da Infância
         de Reggio Emilia. II. Título.
                                                         CDU 373.2
```

Catalogação na publicação: Karin Lorien Menoncin – CRB 10/2147

Reservados todos os direitos de publicação, em língua portuguesa, ao
GRUPO A EDUCAÇÃO S.A. (Penso é um selo editorial do GRUPO A EDUCAÇÃO S.A.)
Rua Ernesto Alves, 150 – Bairro Floresta – 90220-190 – Porto Alegre – RS
Fone: (51) 3027-7000 – SAC 0800 703 3444 – www.grupoa.com.br

É proibida a duplicação ou reprodução deste volume, no todo ou em parte, sob quaisquer formas ou por quaisquer meios (eletrônico, mecânico, gravação, fotocópia, distribuição na Web e outros), sem permissão expressa da Editora.

IMPRESSO NO BRASIL
PRINTED IN BRAZIL

{Apresentação à edição brasileira

As crianças aprendem de modos diversos, não por meio de atos progressivos de ensinamento, mas através de ações ativas de descoberta e elaboração

GIUDICI*

O que significa um mosaico de traços, palavras, matéria na educação?

O que pode nascer no encontro entre as crianças e o mosaico de traços, palavras, matéria?

Qual a importância de pensar um mosaico de traços, palavras, matéria para o cotidiano da escola? E qual a sua relação com o processo de aprendizagem?

Que outros mosaicos de relações podemos propor para as crianças na escola?

Como potencializar as relações entre as partes integrantes de um mosaico?

Mosaico de traços, palavras, matéria chega na versão em língua portuguesa para compor uma bibliografia de referência àqueles que buscam na educação uma prática reflexiva e dinamizada compondo um fazer que prima, para além do diálogo dos sujeitos, por uma sinergia de encontros e relações. Estes sujeitos – crianças, adultos, traços, materiais e suportes – assumem o papel de protagonistas, construindo um acordo democrático entre as intencionalidades da escola.

Este livro contempla representações gráficas de crianças de 0 a 6 anos de escolas municipais de educação infantil de Reggio Emilia, cidade ao norte da Itália, referência mundial em políticas públicas da infância. Aborda, ainda, a importância do desenho, da representação gráfica, da explicação (verbal) das produções infantis para o desenvolvimento de aprendizagens. Isso significa imaginar, analisar, explorar espaços, formas, cores, palavras, metáforas, emoções, ritmos e pausas, consolidando uma dimensão narrativa fundamental para a faixa etária da educação infantil.

Aqui encontramos ocasiões cuidadosamente pensadas e organizadas para a representação gráfica na escola, que se tornam encontros celebrados entre instrumentos e suportes matéricos que, na sua subjetividade, têm muito a provocar, revelando, na ação porosa das crianças, um processo altamente criativo. Esses discursos engendrados pela matéria convidam a um fazer que investiga, prevê, dá espaço e fomenta narrativas ora sutis, ora eloquentes, revelando uma construção do conhecimento intrinsecamente ligada ao fazer. Nessas narrativas encontramos um desenho que habita um território comum ao da palavra e transita em um ritmo e direção próprios. Mário de Andrade já havia falado sobre esse território comum entre traço e palavra que as crianças habitam com tamanha naturalidade: "Os amadores do desenho guardam os seus em pastas. Desenhos são para a gente folhear, são para serem lidos que nem poesias, são haicais, são rubaes, são quadrinhas e sonetos".**

---

*GIUDICI, Claudia. VII Encontro Internacional de Educação da FAACG, Centro Internacional Loris Malaguzzi: Itália, 21.08.2020.

**ANDRADE, Mario de. Do desenho. In: Aspectos das artes plásticas no Brasil. 2ª. Ed, São Paulo : Martins, 1975, pp 71-77.

Ao observarmos um mosaico, o que se percebe é uma imagem formada por pequenos fragmentos de cor, unidos sobre uma superfície e ligados por algum tipo de massa que preenche as pequenas distâncias entre eles. Cada fragmento mantém sua forma original, que é respeitada pela massa, mas também é acolhido da melhor maneira possível e colabora para compor uma intenção maior. O fragmento, tomado pelo convite à participação, entra em diálogo com outros ao redor e passa a compor e significar em relação, não mais sozinho. Por meio de uma comunicação feita com precisão, sensibilidade e excelência, podemos tomar parte nesse mosaico de traços, palavras e matéria, mas também de intenções, desejos e relações que vão se revelando de forma vívida a cada página.

Este é um livro que nos convoca a ressignificar nosso olhar para os contextos que habitamos, na medida em que nos mostra a potência dos ambientes matéricos a partir das construções narrativas das crianças. Que nos convida a ajustar o tempo para percebermos o encontro de um instrumento gráfico e um suporte matérico como um evento extraordinário e peculiar. Que o desenho tem uma pulsação e um ritmo próprios, começando a partir das crianças, mas também antes delas, quando os adultos pensam e indagam materiais e espaços para construir contextos que sejam aderentes às intencionalidades de aprendizagem.

No processo de formação e no diálogo constante com representantes de Reggio Emilia (Encontros Internacionais, projeto de consulenza e pesquisa, curso de aprofundamento, participação e revisão na tradução de livros), a Fundação Antonio-Antonieta Cintra Gordinho tem procurado aprofundar a documentação pedagógica, a pesquisa sobre materiais e a construção de contextos para a reflexão da educação contemporânea.*

Em síntese, o livro expõe, de modo teórico e prático, a riqueza do jogo:

formando um mosaico inteligente e poético quando essas linguagens se entrelaçam. Desejamos que cada leitura se converta em uma peça a mais do mosaico para pensar e fazer educação nos diversos contextos brasileiros, em sintonia com a beleza das ações que levam crianças, jovens e adultos à construção de aprendizagens cognitivas e emocionais para a vida.

**Fundação Antonio-Antonieta
Cintra Gordinho**

---

*A Fundação Antonio-Antonieta Cintra Gordinho (FAACG), instituída em 1957, é uma instituição sem fins lucrativos que nasceu do sonho do casal Antonio e Antonieta de construir uma entidade filantrópica voltada à educação. Como uma instituição do terceiro setor, a Fundação tem seis unidades, sendo Ensino Formal (Educação Infantil, Ensino Fundamental, Médio e Técnico) e Informal (oficinas). Em 2013, a Escola, que atende crianças e adolescentes de 6 meses a 17 anos, reorganizou seu projeto educativo, buscando uma educação que responda ativamente às demandas e aos desafios múltiplos do mundo contemporâneo.

{Sumário

Tramas de futuro entre real e possível
de Paola Cagliari e Claudia Giudici 9

Introdução 15

Investigação 16

Proposta de instrumentos gráficos e suportes matéricos 18

Mesas cromáticas 20

Amostras de suportes 22

Explorações 25

Sugestões sensíveis 35

Variações 1 – O papel ondulado 49

Variações 2 – O plástico-bolha 57

Sugestões narrativas 63

    A casa que estala 64

    O vagalume e o dragão 66

    História do quarto dourado 68

    História da cidade labirinto 70

Diversas identidades 73

    Histórias de girafas 76

Mimetismo 83

    Entre visível e invisível 84

    Marca efêmera 88

Relançamentos 91

    Um belo quarto escuro 92

    As amizades do preto e do branco 94

    Efeito vento 96

Acidentes criativos 99

    As árvores queimadas 100

    Marca nômade 102

    Impressões transformadas 104

    Impressões 108

    Marca nômade 2 112

    A menina que está tirando o vestido azul 114

    O monstro peludo da noite que queria comer Heidi 116

    História de uma bruxa que perdeu as pernas 118

    A moscona e a mosquinha 122

Cadernos de estudo e de trabalho 128

Matérias gráficas 129

Inauguração 130

Ateliê 132

    Tramas gráficas e narrativas – de Mirella Ruozzi 133

Interpretações e aprofundamentos 137

    Hipóteses interpretativas 138

        Coreografias – de Vea Vecchi 140

        O desenho na creche – de Mirella Ruozzi 142

        Notas sobre a linguagem verbal – de Deanna Margini e Paola Strozzi 144

        O complexo desafio da formação – de Daniela Lanzi e Annalisa Rabotti 146

        Marcas que narram: Reggionarra – de Antonia Monticelli 150

Tramas de futuro entre real e possível

de Paola Cagliari e Claudia Giudici

Saber falar a todos sobre a infinita riqueza das potencialidades das crianças, da sua capacidade de se maravilhar e investigar, da sua capacidade de co-construir o conhecimento através de processos relacionais ativos e originais: esse sempre foi o objetivo primário da mostra.

(Loris Malaguzzi)

Pertence à experiência educativa das creches e das escolas da infância municipais* de Reggio Emilia encontrar e renovar formas e modalidades de comunicação pública – em níveis municipal, nacional e internacional – sobre o que é vivido nas creches e nas escolas cotidianamente: mostras, apresentações em seminários e congressos, publicações...

Tudo isso, com a convicção de que, como sustenta Loris Malaguzzi, somente por meio dos testemunhos concretos dos projetos realizados e do envolvimento da coletividade, são possíveis a reflexão crítica, o confronto de ideias e a própria evolução da cultura da infância: uma mostra, o seu catálogo são "um conto inacabado que deseja contar sobre si, procurando espaços mais amplos de reflexão e confronto. A sua natureza corre sobre o fio de uma recorrente, repensada solidariedade entre identificações teóricas, práticas e expressivas em torno da imagem de uma criança e de um adulto que elaboram juntos os próprios instrumentos de aprendizagem, conhecimento e criatividade, através do fluxo de uma rede de interações sociais e culturais".**

O intento dessas formas e estratégias de comunicação é o de promover a cultura das crianças e o reconhecimento dos seus direitos, de alimentar uma imagem diferente de infância, de colocar em diálogo e fazer se tornar recurso formativo o saber que, cotidianamente, as creches e as escolas produzem. São modalidades diferentes de comunicação, para darem espaço e tempo ao desejo de interlocução, para permitirem a contribuição de culturas e pontos de vista diferentes, elementos vitais para a experiência educativa reggiana, que, desde sempre, está atenta à formação dos professores e à relação com os pais, não só os que têm filhos que frequentam as creches e as escolas, mas os cidadãos em geral.

Isso com o intento de construir, em torno de si, amplas zonas de debate, envolvendo ativamente professores, pais, pesquisadores e pedagogistas*** de Reggio, da Itália e do mundo.

---

*N. de R.T.: Nomenclatura utilizada para as escolas de educação infantil de Reggio Emilia, para crianças de 3 a 6 anos.

**Loris Malaguzzi. In: "Rechild" n. 5/outubro 2001, p. 2.

***N. de R.T.: Mantivemos o termo original utilizado na abordagem de Reggio Emilia.
O pedagogista difere-se do pedagogo. É um profissional com formação em Educação, que possui a função de coordenação pedagógica em mais de uma creche e/ou escola da infância, trabalhando diretamente com o grupo de trabalho (professores, atelieristas, cozinheiros) e com as famílias, estimulando a reflexão, a partir da análise da documentação produzida, bem como a continuidade dos projetos.

O diálogo, a troca, o confronto de ideias, a escuta foram e são os instrumentos e as estratégias principais de construção da experiência educativa em todos os seus níveis, tais como a didática, a formação e a atualização dos professores, a participação das famílias e as relações com a cidade. Um projeto construído a cada dia, com a contribuição de todos, dentro de uma dimensão de contínua interação, avaliação e análise crítica rigorosa.

A mostra *Mosaico de traços, palavras, matéria* e o seu catálogo fazem parte deste processo: uma narrativa de percursos que testemunha uma experiência educativa que procura continuar gerando escolhas pedagógicas, didáticas, organizacionais, gestoras e políticas, para dar forma atualizada ao projeto, em contextos sociais e culturais, em transformação cada vez mais rápida, e não replicar fórmulas consolidadas.

Uma experiência educativa especial, porque acontece há longas décadas, com um acúmulo "de erros, excessos, faltas, correções e atualizações, que, em parte, são uma necessidade de realizar uma espécie de relação nova concernente a problemas e tendências no costume, com relação a mudanças de ordem política, cultural..."* que acontecem na cidade, nas escolas, nas famílias e nas crianças.

A mostra e o catálogo são, juntos, uma obra de divulgação, que torna visível a experiência, e uma obra de formação para a nossa experiência, porque sintetiza as referências teóricas que escolhemos como projeto educativo e as narra através de alguns dos percursos mais inovadores das nossas creches e das nossas escolas, produzindo, no próprio fazer da experiência, um circuito de intuições e saberes que são vitais para gerar contextos caracterizados pelo diálogo entre os sujeitos da aprendizagem.

A mostra e o catálogo são lugares e instrumentos de visibilidade das crianças, legitimação do seu direito a terem uma educação de qualidade, a estarem com os seus contemporâneos e a se expressarem com liberdade. Uma visibilidade das crianças, das suas inteligências e competências, afirmando que são cidadãs hoje da nossa sociedade, com o direito a se expressarem e a serem escutadas, a serem valorizadas em todas as potencialidades, a desenvolverem todas as capacidades para serem protagonistas e construtoras do próprio futuro.

Essa busca de visibilidade no tempo, em várias ocasiões, traduziu-se em uma presença de traços das crianças na cidade de Reggio Emilia: as suas obras, os seus pensamentos declaram à comunidade a capacidade das crianças de serem produtoras de cultura, desde que a escola lhes forneça contextos valorizadores e significativos, desde que reconheça que as crianças aprendem através de modalidades polissêmicas, através de *cem linguagens*** porque, como afirma Loris Malaguzzi, "as crianças têm cem linguagens e desejam usar todas. É justo que requeiram uma aliança para manterem a cabeça erguida às pressões hostis, em defesa de espaços

---

*Loris Malaguzzi. In: "Rechild" n. 5/outubro 2001, p. 5.

**Quando falamos de linguagens, referimo-nos aos diversos modos da criança (do ser humano) de representar, comunicar e expressar o pensamento através de diferentes mídias e sistemas simbólicos.

de liberdade criativa, que também são espaços de alegria, confiança e solidariedade".*

Mosaico de traços, palavras, matéria – título apropriado para introduzir uma mostra que oferece generosamente ao visitante sugestões que são uma possível face daquela aliança – confirma e documenta essa abordagem ao conhecimento em que linguagens, palavras e imagens, narrativa e desenho, entrelaçando-se com elas, tendem à construção de um significado mais amplo e gerador de significados posteriores.

Palavras, marcas, matérias para os olhos, para ler, olhar, escutar, tocar.

"A mostra é espelho da experiência da qual nasce e onde afunda as suas raízes, mas, ao mesmo tempo, mostra o real, através do possível e do desejável..."

(Loris Malaguzzi)

Continuamos com um otimismo perseverante, trabalhando nessa perspectiva de futuro.

---

*Loris Malaguzzi. In: "Rechild" n. 5/outubro 2001, p. 2.

*Para ver e saborear
ativar o pensamento*

esta mostra, é preciso poético que está em nós.

{Introdução

Desenhar e narrar verbalmente significa imaginar, analisar, explorar espaços, formas, cores, palavras, metáforas, emoções, ritmos e pausas, entrando em uma dimensão narrativa interna e externa a si, numa brincadeira entre realidade, ficção e interpretação.

Apesar de serem, o desenho e a palavra, linguagens autônomas, nas crianças a palavra e o conto, silenciosos ou manifestados, quase sempre se aproximam e se entrelaçam com o desenho, formando um mosaico inteligente e frequentemente poético.

Com essa investigação, procuramos compreender melhor, na medida do possível, essa trama, para dar ao desenho, à matéria, à palavra e às crianças a riqueza cognitiva e expressiva das quais são geradoras.

Este catálogo conta a mostra, respeitando a sua sequência expositiva de textos e obras.

Somente em alguns casos foram acrescentados breves comentários interpretativos: um excesso de aprofundamentos nos parecia tirar o espaço dos desenhos e tirar o prazer e o exercício de interpretação do leitor, tão importante e divertido para um adulto que se aproxima das crianças.

Os comentários são oferecidos como *contrapontos*, com a finalidade de proporem algumas chaves de leitura.

{Investigação

Os objetivos do projeto são dois. O primeiro é o de se aprofundar no quanto o desenho e a matéria se nutrem de palavra e de imagens mentais e no quanto a palavra e as imagens mentais se nutrem de percepções (visuais, táteis, sonoras, corporais); o segundo, que não deve ser subestimado, é *estarmos atentos* para que, no cotidiano da escola, não sejam dispersas ou empobrecidas a qualidade da aprendizagem, as percepções e os imaginários que os instrumentos manuais oferecem a crianças e adultos.

É importante, para nós, que o ambiente analógico coexista e se entrelace ao digital, ambos construtores de experiências interessantes e agentes preciosos de criatividade.

Quando uma investigação é realizada, para a coleta de dados e possível interpretação deles, é necessário selecionar e restringir o campo. Ao longo dos encontros do grupo de trabalho (composto por atelieristas,* professores, pedagogistas), tendo sido esclarecidos os objetivos do projeto, foi idealizado um contexto-base de instrumentos e materiais a serem propostos às crianças, em cada creche e escola da infância (com as variações apropriadas para as diversas idades), capaz de gerar explorações, prazeres e aprendizagens que estivessem em sintonia com os objetivos. Trata-se da oferta de um binômio matérico: instrumentos gráficos que deixam marcas muito diversas e folhas de gramaturas e formatos diferentes. A proposta, voltada a pequenos grupos de crianças (compostos, na creche, de duas a quatro crianças e, na escola da infância, de três a seis), articula-se através da oferta sucessiva e é acompanhada por três mesas cromáticas** de instrumentos gráficos, já que cada instrumento possui uma identidade de traço, que é acolhida e se estrutura de maneira diferente em relação ao suporte matérico e às intenções exploratórias e expressivas dos autores.

Dado que o contexto é considerado *parte geradora*, discutiram-se também aquelas que podem parecer particularidades irrelevantes, como a cor da superfície da mesa (que não deve interferir na percepção), a disposição do material e dos instrumentos (por exemplo, colocados em um recipiente ou distribuídos na mesa...), a qualidade e quantidade de instrumentos e materiais propostos e outros detalhes similares. Uma ampla gama de hipóteses, pois estamos cientes de como estes e outros aspectos são elementos que podem incidir nas escolhas das crianças, sujeitos extremamente empáticos aos contextos.

Antes de propor a atividade às crianças, nós, adultos, exploramos instrumentos e materiais, escutando-os e procurando entender as suas possibilidades: um bom hábito, este, que nos pertence, um exercício divertido e útil para refinar as nossas percepções e a compreensão sobre o agir das crianças e, ao mesmo tempo, para enfatizar o quanto a ob-

---

*N. de R.T.: Figura profissional introduzida por Loris Malaguzzi nas escolas da infância de Reggio Emilia, com formação artística, que trabalha juntamente aos professores e às crianças, complementando o projeto educativo com linguagens polissensoriais e processos imaginários e expressivos. Difere-se do professor de arte e executa a mesma carga horária dos professores.

** N. de R.T.: A tradução literal do termo utilizado no livro (tavolozza) é paleta de cores. Para maior clareza ao leitor, já que, metaforicamente, a paleta, nesse caso, indica a mesa preparada com os materiais utilizados no ateliê e o termo original é uma derivação da palavra tavolo (mesa), a tradução aproveitou tal termo, unindo os dois conceitos.

servação do trabalho das crianças deve encontrar uma correspondência na capacidade dos professores de modificar as próprias expectativas e as prefigurações iniciais.

Reconhecendo, na observação e na documentação, um dos valores fundamentais do nosso trabalho, foram identificados alguns focos de observação, naturalmente abertos a modificações e integrações posteriores.

Quais são as relações entre instrumentos gráficos e suportes? As explorações gráficas são acompanhadas de palavras? Quais são os entrelaçamentos? As crianças comunicam o que fazem enquanto desenham? De que maneira? Com palavras, mímicas, tonalidades verbais, gestos...? Como se qualifica a palavra que nasce junto ao sinal ou que o acompanha? Descritiva, metafórica, alusiva, irônica...? Quais relações as crianças ativam entre si?

Ao mesmo tempo, foram estabelecidos, para o grupo de trabalho dos adultos, momentos de discussão sobre o avanço dos trabalhos: confronto de ideias, extremamente úteis e insubstituíveis para um enriquecimento cultural e social.

Enfim, foram identificadas as formas com as quais comunicar publicamente o trabalho, modalidade em sintonia com o tema do projeto, já que as *percepções* tinham se revelado agentes importantes dos produtos realizados pelas crianças, houve a vontade de comunicá-las através das obras originais.

Por isso, foi escolhida a preparação de uma mostra com os originais das crianças, os documentos de observação e documentação dos professores e um ateliê onde as percepções e os imaginários pudessem ser explorados diretamente pelas pessoas.

Idealizar, quando possível, algumas formas e modalidades de comunicação ajuda a escolher com maior consciência os instrumentos de observação e documentação. Além disso, a necessidade de comunicar aos outros refina a escuta dos processos e facilita o surgimento dos conceitos e das sínteses finais.

Mesa cromática 1:

- lápis pretos, brancos e grafites (de durezas diversas)
- lápis aquarela tipo jumbo coloridos
- marcadores multiuso à base de água brancos, pretos e coloridos

Mesa cromática 2:

- giz pastel oleoso
- canetas hidrocor fluorescentes (marcadores tipo marca-texto de diversas cores)
- canetas hidrocor coloridas (com pontas finas e grossas)
- *paleta muito cromática*

Mesa cromática 3:

- marcadores à base de água ouro e prata (pontas com diversas espessuras)
- giz pastel seco contè preto e sanguínea
- *paleta com instrumentos gráficos incomuns*

As crianças são convidadas a experimentar a combinação entre instrumentos gráficos e papéis de diversas gramaturas. Cada mesa cromática é indagada em, pelo menos, duas ocasiões.

Os professores e os atelieristas escutam e recolhem percepções, sugestões, atitudes, palavras, contos e relações das crianças com os colegas.

{Proposta de instrumentos gráficos e suportes matéricos

{Mesas cromáticas

1

2
 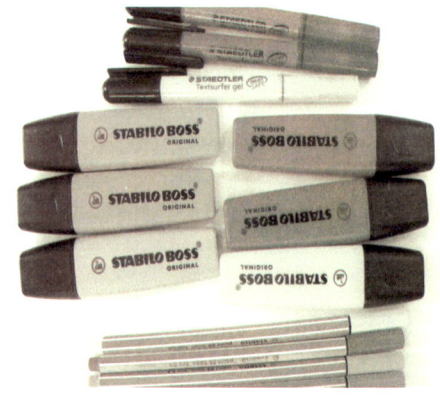

3

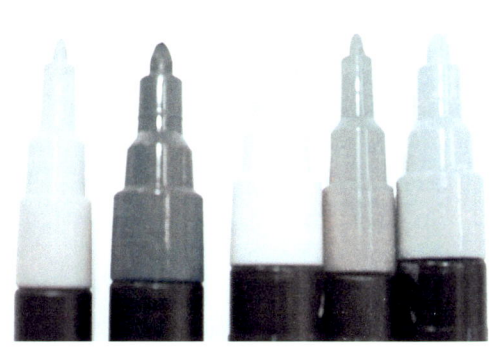
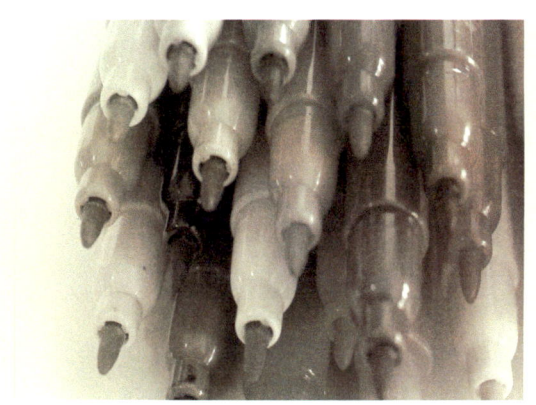

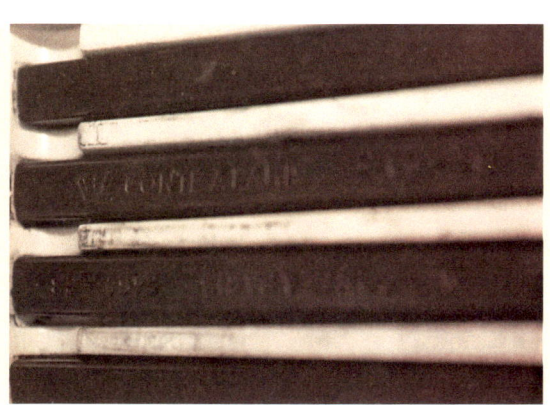

{Amostras de suportes

Papel metalizado

Papel cartão ondulado preto

Acetato transparente

Plástico-bolha

Pedra

Papel de embalagem

Papel telado branco

Papel kraft ouro

Papel cartão liso preto

Papel absorvente

...

Papel cartão ondulado branco

Explorações

Todas as crianças, em diferentes idades, com curiosidade, comprometimento e diversão, escolhem e exploram os materiais e os instrumentos à disposição.

As crianças fazem isso com diferentes modalidades: às vezes, o detalhe ganha mais força – *"Aqui os traços se esfarelam"* – às vezes, torna-se explícita a relação com os seus conhecimentos – *"No papel invisível, fazemos coisas que não dá para ver, como o ar, que não não dá para ver, mas dá para sentir"* – outras vezes, aparece a consequência do gesto – *"Um traço que vai devagar e deixa um rastro macio"*.

{Explorações

A linguagem verbal, na sua tensão para dar identidade e significado às coisas, é com frequência bastante analógica.

A ponta seca faz o traço magro.
Greta, 2.8 anos*

---

*N. de R.T.: Os professores de Reggio Emilia costumam utilizar a marcação de anos e meses, respectivamente, conforme descrito: 2.8 equivale a 2 anos e 8 meses.

A ponta seca faz o traço magro
Autora: Greta, 2.8 anos
Dimensões: 50,8 x 14 cm
Técnica: marcador multiuso à base de água prateado
e lápis aquarela tipo Jumbo sobre papel de seda

{Explorações

As crianças menores também exploram com atenção e interesse, com um senso de expectativa pronto a acolher, com estupor, o imprevisto e o inesperado. No comentário *"Não vai, não vai"*, não lemos um sentido de impossibilidade, mas sim a capacidade da menina em colher e prestar atenção às diferenças entre as linhas traçadas com instrumentos diversos, bem como a tensão para expressar com palavras o *obstáculo* que está encontrando.

*Não vai... não vai...
não vai!*
Rosa Kamà, 1.8 ano

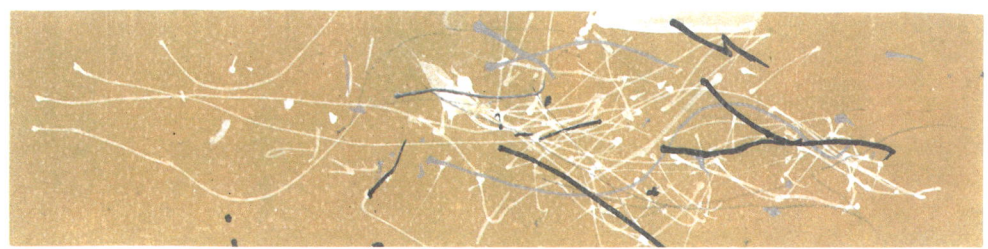

Sem título
Autora: Rosa Kamà, 1.8 ano
Dimensões: 37 x 7,5 cm
Técnica: marcadores multiuso à base de água e lápis sobre papel kraft ouro

{Explorações

Como os traços e a cor sobre a folha se transformam e viram outra coisa, uma imprevista pequena mancha de tinta na mão torna-se o elemento que, acompanhado de uma teatralidade que envolve o tom da voz, a mímica do rosto e do corpo, transforma-se em uma presença ameaçadora: *"Eu sou um monstro"*. Uma possibilidade de acesso ao potente jogo simbólico do *"SE..."*, que abre um mundo imaginário e linguístico que, na intersubjetividade, pode se ampliar em universos de significados.

Um monstro... eu coloco um monstro na gaiola.

Quando fecho os dedos, o monstro vai embora, desaparece, depois se eu abro a mão ele volta...

Oh... eu sou um monstro.
Andrea, 2.10 anos

Um monstro
Autor: Andrea, 2.10 anos
Dimensões: 35 x 5 cm
Técnica: caneta hidrocor sobre papel de seda

{Explorações

Algumas simples explorações de traços deixados por diversos instrumentos são interpretadas pelas crianças e transformadas em composições gráficas, onde o espaço do papel é percorrido e explorado nas suas possibilidades expressivas e formais.

Sem título
Autor: Francesco, 4.11 anos
Dimensões: 28 x 13,7 cm
Técnica: canetas hidrocor sobre papel liso

Este é um contorno: eu mudei todas as cores que tenho para fazer isso... é uma moldura com todas as canetinhas que tem aqui... uma fila de bolinhas diferentes...
Francesco, 4.11 anos

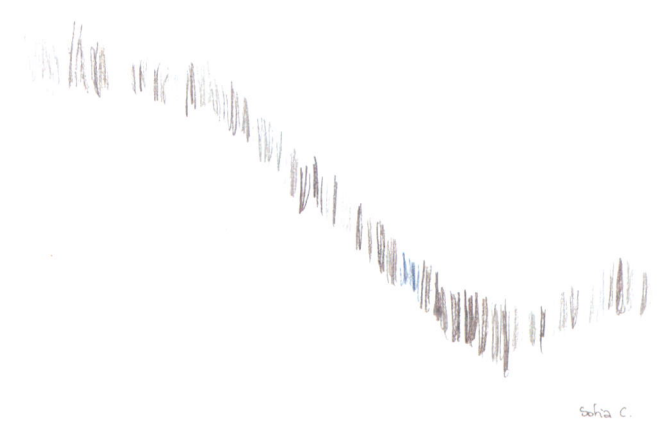

Sem título
Autora: Sofia, 4.10 anos
Dimensões: 23 x 14,9 cm
Técnica: lápis de cor sobre papel áspero

Sem título
Autora: Alice, 4.3 anos
Dimensões: 29,7 x 21 cm
Técnica: canetas hidrocor, lápis de cor e carvão vegetal sobre papel branco

Eu fiz um contorno de cores pretas e cinzas, todas diferentes. Essas aqui são todas que escrevem fino.
Alice, 4.3 anos

Eu fiz uns quadrados aqui dentro: um dentro do outro, que são todos diferentes... comecei pelo meio... depois fiz outro em volta... depois de novo... no final, ficou tudo cheio... este também é uma ciranda, porque roda tudo em volta da folha.
Andrea, 4.8 anos

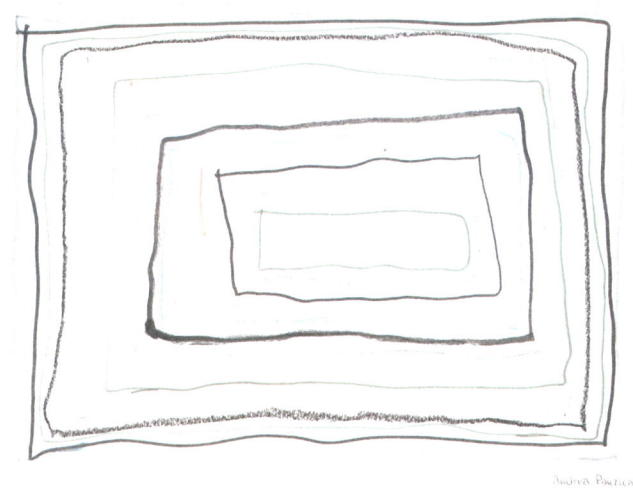

Sem título
Autor: Andrea, 4.8 anos
Dimensões: 29,7 x 21 cm
Técnica: canetas hidrocor, lápis de cor e carvão vegetal sobre papel branco

Sugestões sensíveis

A materialidade de um papel e de alguns instrumentos gráficos, algumas tonalidades cromáticas, alguns traços são os elementos de base que servem para as crianças darem vida a um quebra-cabeça de percepções e sugestões mentais e vocais.

{Sugestões sensíveis

As crianças se *apaixonam* pelas próprias palavras, gestos e linhas traçadas: experimentam-nos, repetem-nos e procuram assonâncias. Diego, atraído pelo deslizar do lápis de cor sobre a macia trama da sua folha, comenta: "*... esta é uma história um pouco delicada*".

Vamos ver como desenha... é um traço muito especial, esta história é um pouco delicada.
Diego, 3.6 anos

Sem título
Autor: Diego, 3.6 anos
Dimensões: 33,8 x 25,4 cm
Técnica: gizes e canetas hidrocor sobre plástico de embalagem

{Sugestões sensíveis

Quando as crianças se expressam, até mesmo com uma só palavra, como neste caso, mostram sempre refinados *trânsitos* de pensamento. Amina exclama "*cachorro*" várias vezes, com tons mais ou menos acentuados, de acordo com a intensidade dos sinais gráficos traçados. Os sinais-cachorros estão quase próximos de uma escrita sonora: o volume da voz de Amina aumenta e diminui, enquanto está imaginando, e é o tom da palavra, unido ao sinal, que dá identidade às representações de múltiplos cachorros.

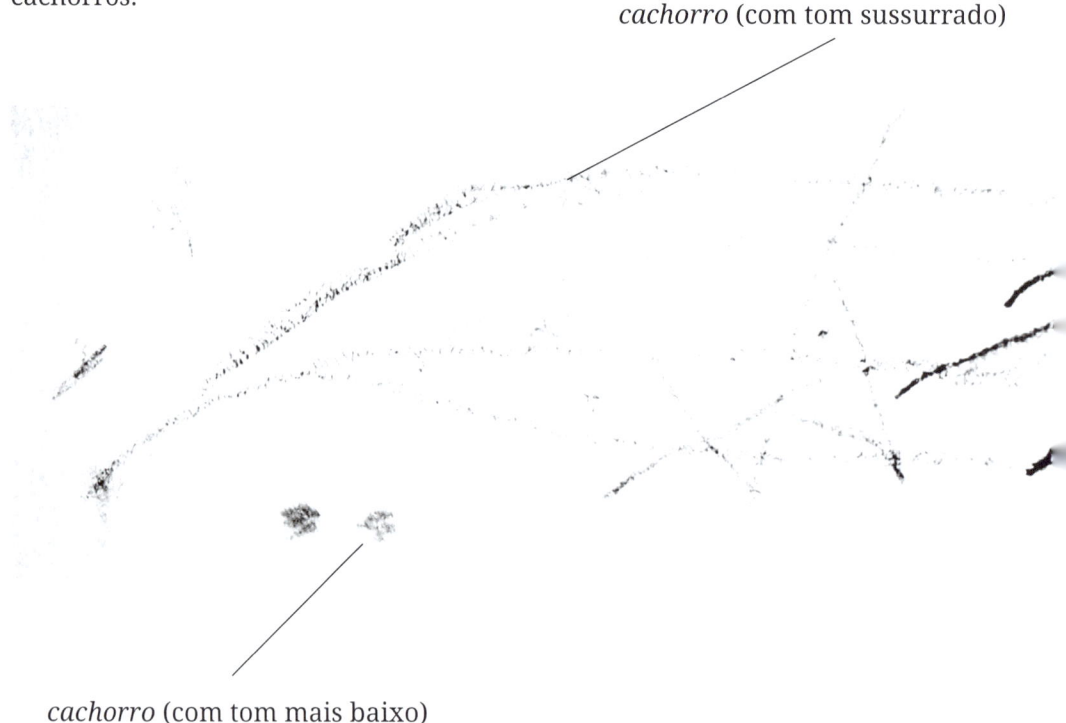

cachorro (com tom sussurrado)

cachorro (com tom mais baixo)

cachorro (com tom alto)

Sem título
Autora: Amina, 2.5 anos
Dimensões: 49,5 x 10,2 cm
Técnica: lápis, marcadores multiuso à base de água e caneta hidrocor sobre papel telado

{Sugestões sensíveis

São fogos que vemos da janela... são incêndios.
Viola, 2.8 anos

Fogos e incêndios
Autora: Viola, 2.8 anos
Dimensões: 29,6 x 10,7 cm
Técnica: lápis aquarela tipo jumbo sobre papel vegetal

Elfo de fogo
Autor: Diego, 3.8 anos
Dimensões: 14,8 x 21 cm
Técnica: giz pastel seco contè sanguínea sobre papel de embalagem

{Sugestões sensíveis

A cortadora de grama come-cores
Autor: Filippo, 4.7 anos
Dimensões: 29,7 x 21 cm
Técnica: canetas hidrocor sobre papel branco

Quero desenhar uma broca: porque quando eu crescer, quero ser consertador. Mas preciso de um papel um pouco maciozinho, um papel fraco que dá para fazer o buraco. A broca é de ferro: preciso do prateado...
Mattia, 4.6 anos

A broca
Autor: Mattia, 4.6 anos
Dimensões: 29,5 x 20,9 cm
Técnica: marcadores multiuso à base de água, marcador prateado
e lápis aquarelável tipo jumbo sobre papel marmorizado

{Sugestões sensíveis

As crianças são sensíveis às diferenças de traço dos instrumentos, que interpretam expressivamente enquanto as experimentam. Uma sensibilidade à marca, que irá evoluir ao longo do tempo, se as crianças tiverem a possibilidade de frequentar contextos que apoiem essas *qualidades naturais*.

Para Luca, as flores representadas *"com canetinhas que escrevem bem"* são *verdadeiras*, e as que são representadas com *"os lápis de cor que fazem um desenho fraco"* são *falsas*.

*Um desenho de flores: um verdadeiro e o outro falso...
os lápis de cor fazem um desenho fraco.*
Luca, 4.8 anos

Flor verdadeira, flor falsa
Autor: Luca, 4.8 anos
Dimensões: 31 x 25,3 cm
Técnica: lápis coloridos e canetas hidrocor sobre papel cartão

Para fazer o meu passarinho, escolho um papel macio como as minhas calças.
Nadia, 5.9 anos

O meu passarinho
Autora: Nadia, 5.9 anos
Dimensões: 14 x 23 cm
Técnica: lápis aquarela tipo Jumbo e marcadores dourados e prateados sobre papel tecido

{Sugestões sensíveis

O meu é um bosque com um pouco de neblina... posso usar o carvão assim... Tudo tudo... tudo acariciado, sombreado!
Sara, 4.3 anos

Bosque sombreado
Autora: Sara, 4.3 anos
Dimensões: 29,3 x 41,6 cm
Técnica: giz pastel seco sanguínea e caneta de bico de pena e tinta nanquim preta sobre papel de embalagem

*O papel é preto porque está de noite, e as árvores também são pretas!
De noite, a luz vai embora, vai dormir...*
Vittorio, 4 anos

Bosque da noite
Autor: Vittorio, 4 anos
Dimensões: 41,5 x 29,5 cm
Técnica: nanquim preto sobre papel de seda

Variações 1
O papel ondulado

Um suporte matérico com acentuadas características formais pode acolher e gerar múltiplas variações, nas quais percepções táteis e sonoras, imagens mentais, expressões verbais e jogos linguísticos se perseguem e se alimentam reciprocamente.

{Variações 1
O papel ondulado

O papel, *gatoso*, sob o ponto de vista sonoro, transfere à representação um pouco da sua identidade *arranhante*.

É também um pouco gatoso! Faz barulho como quando o gato arranha as unhas.
Gaia, 2.11 anos

Gaia, olha o meu gato... faço a cabeça... depois faço o olho... orelhas grandes, como o meu cachorro... o rabo é comprido, comprido... muitas patas.
Federico, 2.10 anos

Gaia, escolhendo uma superfície de tecido macio, declara:
Eu faço o gato dormindo na almofada macia.
Gaia, 2.11 anos

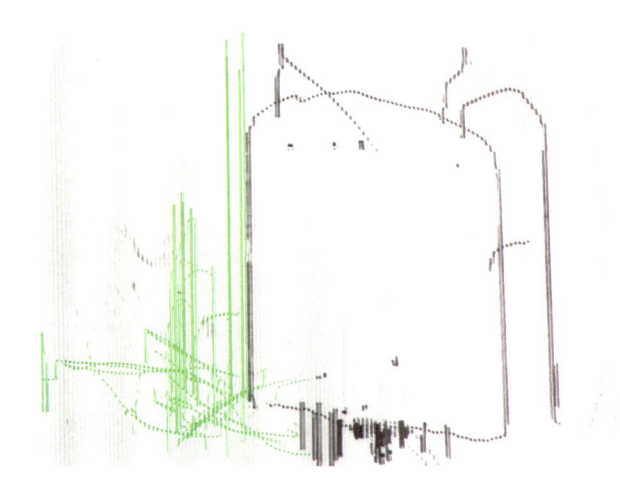

O gato
Autor: Federico, 2.10 anos
Dimensões: 42 x 35 cm
Técnica: caneta hidrocor fluorescente e marcadores multiuso à base de água sobre papel ondulado

O gato dormindo no travesseiro macio
Autora: Gaia, 2.11 anos
Dimensões: 29 x 22,5 cm
Técnica: caneta hidrocor sobre tecido

Linhas
Autor: Ivan, 4.9 anos
Dimensões: 22,5 x 22,1 cm
Técnica: canetas hidrocor fluorescentes sobre papel ondulado

Linhas que estão dormindo
Autor: Ivan, 4.9 anos
Dimensões: 22,1 x 22,5 cm
Técnica: canetas hidrocor fluorescentes sobre papel ondulado

{Variações 1
O papel ondulado

É um arco-íris.
Lorena, 3.10 anos

Arco-íris
Autora: Lorena, 3.10 anos
Dimensões: 31,3 x 18,5 cm
Técnica: canetas hidrocor fluorescentes e marcadores multiuso à base de água sobre papel ondulado

... no papel que faz música.
Alessandro, 4 anos

Sem título
Autor: Alessandro, 4 anos
Dimensões: 19,5 x 18 cm
Técnica: giz pastel oleoso sobre papel ondulado

{Variações 1
O papel ondulado

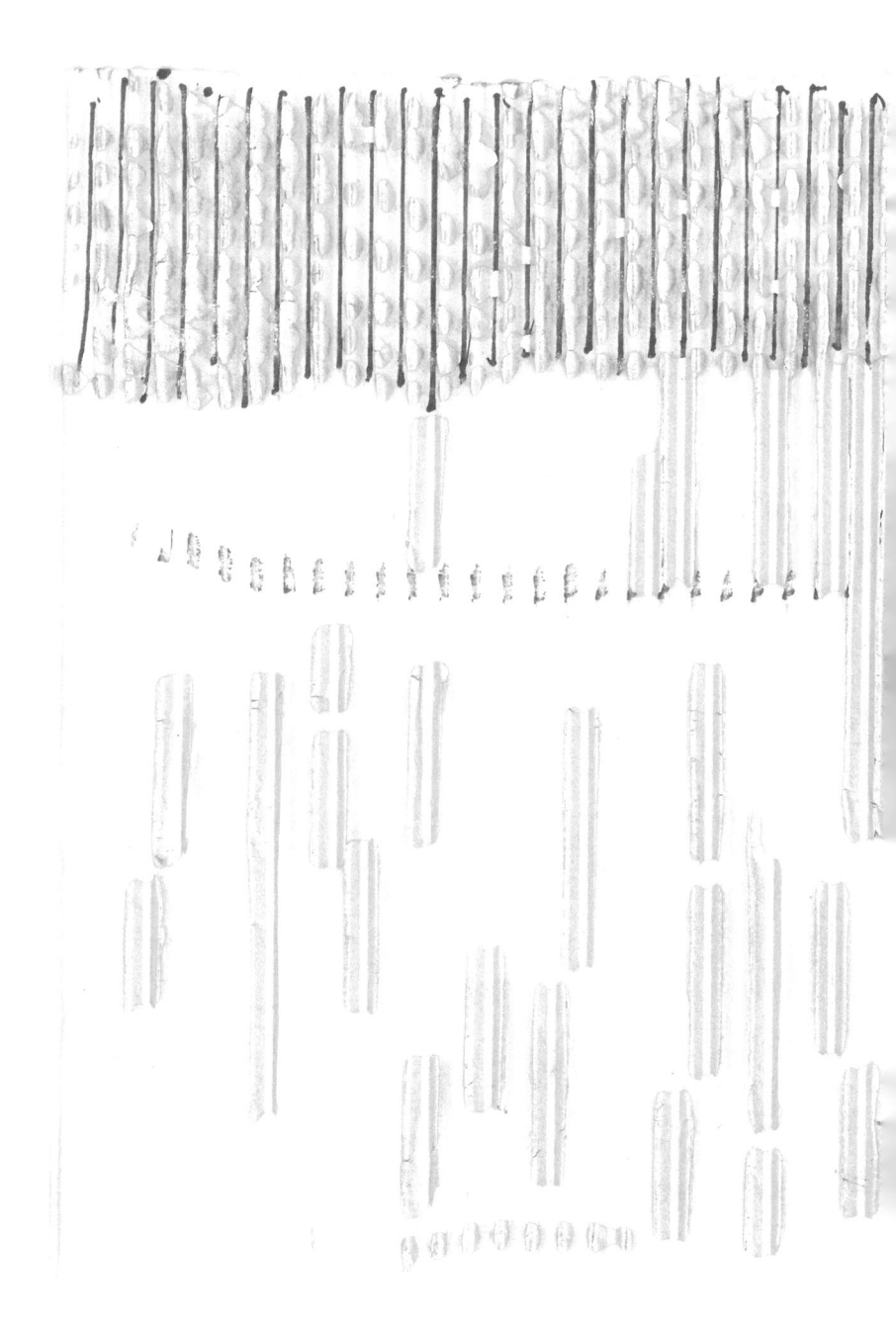

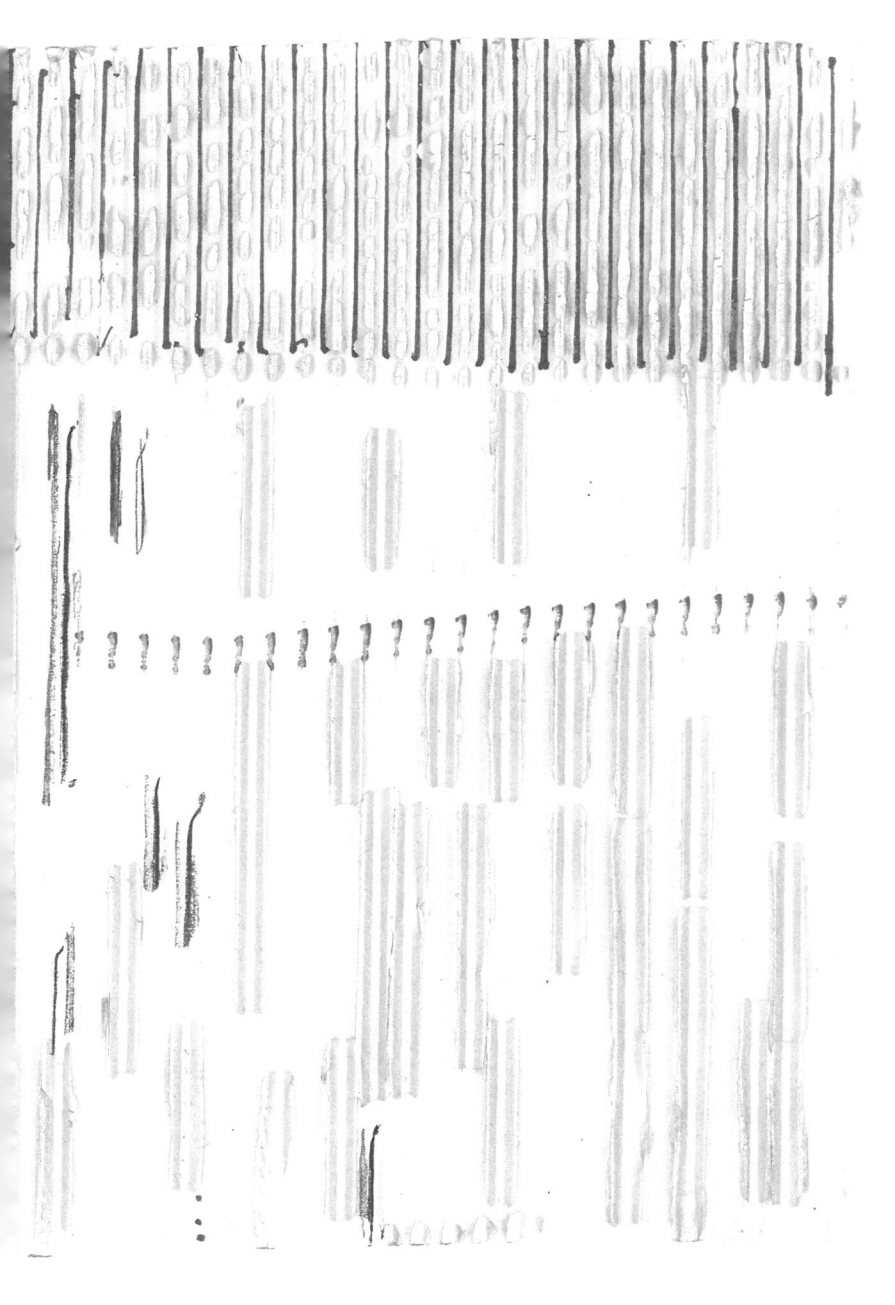

É toda uma nuvem que virou chuva
Autor: Samar, 5.5 anos
Dimensões: 29 x 18,7 cm
Técnica: marcadores multiuso à base de água prateado e preto sobre papel ondulado

Variações 2
O plástico-bolha

O suporte matérico do plástico-bolha chama a atenção das crianças pelos detalhes cheios de surpresas e barulhos interessantes produzidos pelas bolhas de ar que, se forem apertadas, estouram.

O processo de exploração e experimentações gerado acolhe, como no caso anterior do papel ondulado, múltiplas variações imaginárias, gráficas, sonoras e verbais.

{Variações 2
O plástico-bolha

É feito de pontinhos e estoura.
Kleisa, 3.6 anos

Faz carinho.
Nessrin, 3.11 anos

Como uma criança pequenininha.
Kleisa, 3.6 anos

Estouram.
Lorenzo, 4.5 anos

Eu estou fazendo bombas vermelhas.
Samuele, 4.6 anos

Eu, bombas pretas.
Lorenzo, 4.5 anos

Eu fiz bombas coloridas, Lorenzo fez pretas... são bombas dos piratas.
Samuele, 4.6 anos

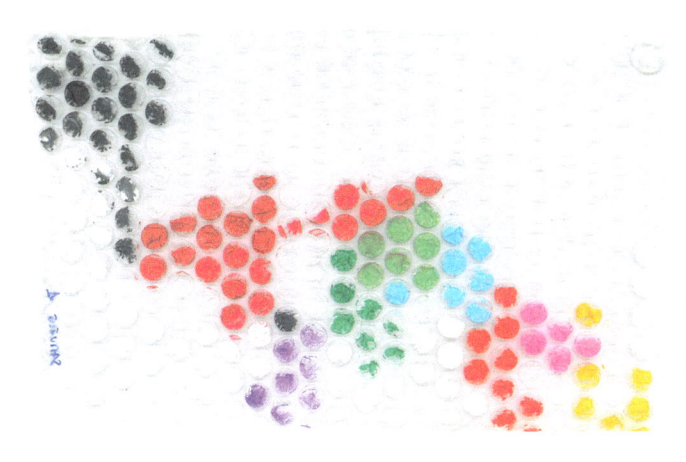

Bombas que explodiram
Autor: Samuele, 4.6 anos
Dimensões: 23,4 x 15 cm
Técnica: marcadores multiuso à base de água sobre plástico-bolha

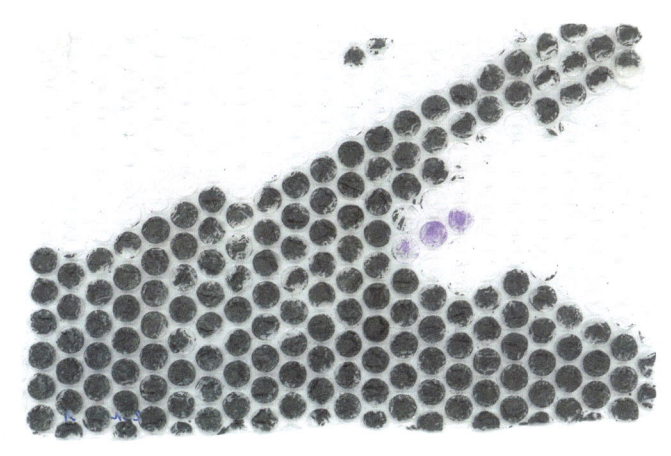

Isto está virando um barco
Autor: Lorenzo, 4.5 anos
Dimensões: 23,1 x 14,3 cm
Técnica: marcadores multiuso à base de água sobre plástico-bolha

{Variações 2
O plástico-bolha

As meninas evidenciaram a trama das bolhas, interpretando-a com as cores, subdividindo a folha de plástico-bolha em duas metades. Talvez tenha sido por acaso ou talvez por terem interrompido o difícil trabalho de preenchimento, uma parte fica cheia de bolinhas coloridas e pretas e uma tem só algumas bolinhas preenchidas de preto.

O olhar de Emanuela interpreta o preenchimento e gera o gesto de fechar as páginas e reabri-las na vertical para lê-las: *"Se eu fechar, vira um livro"*. A imaginação que inventa a história e as palavras que narram são uma coisa só, e é extraordinário o entendimento ativado imediatamente entre as três amigas, que trocam frases entre elas, que dão forma à trama na narrativa.

Meriem, com um gesto que gira a orientação do desenho, relança a brincadeira às amigas: *"Se eu virar o desenho, é uma história diferente"*.

Então, a mesma página conta uma outra história e as duas bolinhas pretas viram protagonistas: mais uma vez, uma história de várias vozes ganha vida.

Se eu fechar, vira um livro.
Emanuela, 4.6 anos

Era uma vez duas bolinhas coloridas que iam para a rua.
Eva, 4.3 anos

Para não serem esmagadas, tinham que rolar na calçada.
Meriem, 4.9 anos

E o vapor as fez ficarem pretas... Uma fica longe.
Eva, 4.3 anos

Se eu virar o desenho, é uma história diferente.

Era uma vez duas bolinhas tristes.
Meriem, 4.9 anos

Tinham se perdido no bosque.
Denise, 4.3 anos

O vento as levou para o bosque.
Meriem, 4.9 anos

Querem encontrar o caminho de casa.
Denise, 4.3 anos

Mas não se lembram.
Meriem, 4.9 anos

Porque o mapa estava de cabeça para baixo.
Eva, 4.3 anos

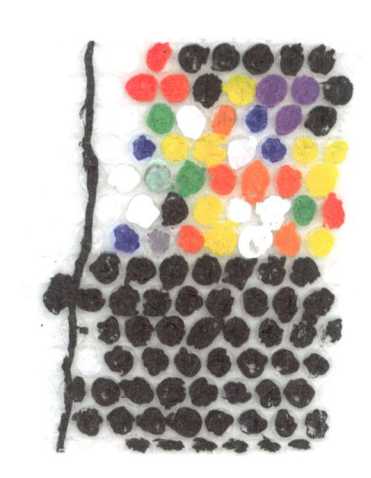

Sem título
Autora: Emanuela, 4.6 anos
Dimensões: 20 x 14 cm
Técnica: marcadores multiuso à base de água sobre plástico-bolha

Sugestões narrativas

Em alguns casos, as explorações perceptivas se tornam germinadoras de histórias articuladas.

Cada história tem uma gênese, onde a imaginação é *despertada* por matrizes diversas e continua através de conexões e *evocações*.

{Sugestões narrativas
A casa que estala

Aqui o imaginário, antes de mais nada, é sonoro e é sugerido pela superfície *estalante* da folha, estimulado, simultaneamente, pelo deslizar dos dedos sobre o plano e pela longa marca cromática despedaçada em breves traços, que sugere uma caminhada que deixa pegadas.

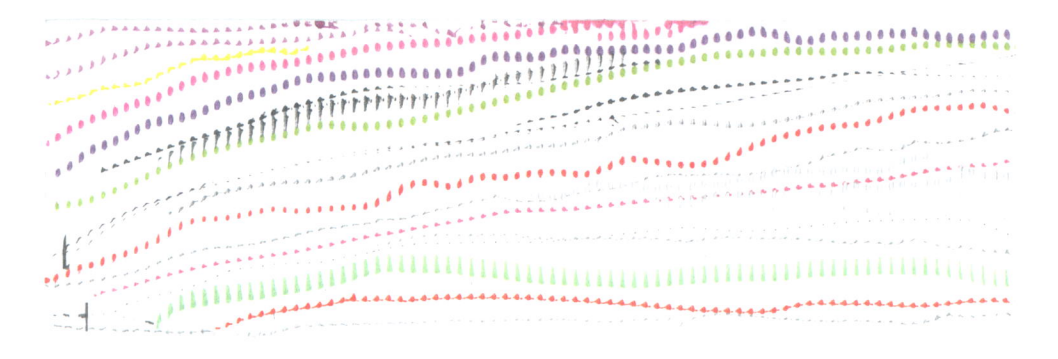

A casa que estala
Autora: Denise, 4.3 anos
Dimensões: 8,3 x 30 cm
Técnica: canetas hidrocor e lápis sobre papel ondulado

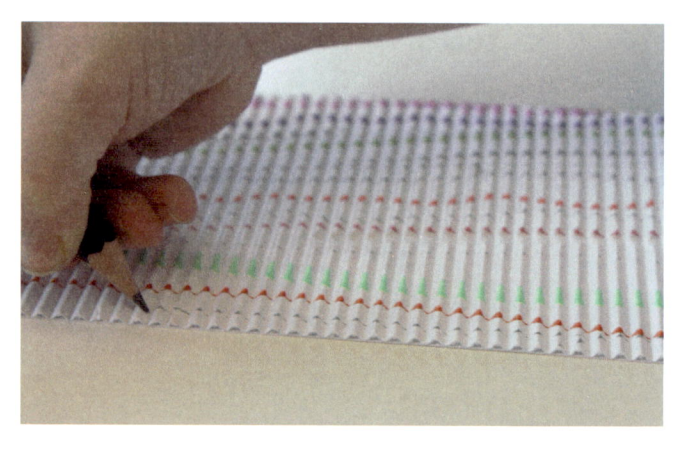

São pegadas que estalam, um pouco grandes, um pouco pequenas... Vão todas juntas.
Denise, 4.3 anos

Páginas extraídas da história *A casa que estala*

LA CASA che scricchiola

C'era una volta

una casa che scricchiolava,

fatta di legno

che scricchiolava con le gocce di pioggia

Ci abitavano degli omini scricchiolanti
che quando si muovono
scricchiolano,
scricchiolano
quando camminano,
scricchiolano
quando passeggiano,
scricchiolano......

Sono
MAGRI MAGRI

si possono disegnare con le chine e con il pennino

Si chiamavano

Scricchiola, aveva gambe lunghe
e capelli lunghi che scricchiolano

Scricchiolone, grande

Scricchiolo e **Scricchiolino**

I capelli si muovevano
e scricchiolavano

scr..scri...scri...scri

Facevano paura alle persone che scappavano
Uscivano di notte a far paura alla gente,
con i pipistrelli e i fantasmi

Autores:
Alice, Chanel, Denise, Eva, Lorenzo e Sara, 4 anos

{Sugestões narrativas
O vagalume e o dragão

Um desenho sobre o acetato transparente e a sua projeção sobre o plano da mesa, feita por um raio de sol, tornam-se elementos inspiradores de uma história e do seu protagonista: um *vagalume*, identidade que interfere, como elemento original, na história tradicional do príncipe e da princesa.

A sombra na mesa vira uma verdadeira história.
Alice, 4.10 anos

O vagalume e o dragão
Autor: Jaynell, 4.11 anos
Dimensões: 31 x 22,7 cm
Técnica: marcadores multiuso à base de água sobre acetato

Assim vira um espetáculo!
Eva, 4.3 anos

Páginas extraídas da história *O vagalume e o dragão*

LA LUCCIOLA E IL DRAGO

era notte...

il Principe
era andato nel bosco
a raccogliere le rose
e le margherite
per la Principessa

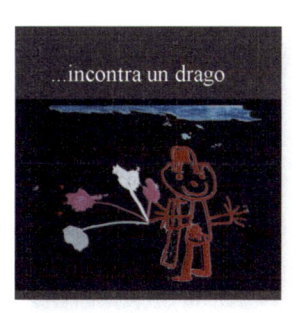

...incontra un drago

arriva la LUCCIOLA
ad aiutare il Principe

Il Principe
con la spada uccide il drago
e va nel castello a sposare
la principessa che era svenuta
perché non le piacciono
       i draghi

che brucia la faccia del drago
con la luce del sole
la fa illuminare tantissimo!

La lucciola li illuminava

mentre si baciavano

Autores:
Alice, Eva, Giulia e Jaynell, 4 anos

{Sugestões narrativas
História do quarto dourado

O brilho dourado e prateado das cores escolhidas, do papel-alumínio que a luz faz brilhar, uma linguagem verbal que carinhosamente se casa com a matéria, para dar forma aos desejos: *"Estou fazendo um quarto todo dourado. Da minha irmã e meu"*.

O resultado é tão especial, que se torna um *esconderijo* conhecido somente pelas crianças, mas talvez possa acolher também as pessoas que ainda estão atraídas pelo brilho de uma folha de papel-alumínio.

Estou fazendo um quarto todo de ouro. Da minha irmã e meu...
Alice, 4.10 anos

História do quarto dourado
Autora: Alice, 4.10 anos
Dimensões: 11 x 21 cm
Técnica: marcadores multiuso à base de água dourado e prateado sobre papel ondulado

Algumas páginas extraídas da *História do quarto dourado*

In una stanza
tutta d'oro
SI PUO' GIOCARE
alla caccia al tesoro

...e ci sembra di specchiarsi
E' UNA STANZA SPECCHIOSA

in una stanza tutta d'oro
ci si può sentire
come una Regina o un Re

O quarto todo de ouro é um esconderijo... só as crianças sabem onde é!
Aurora, 4.9 anos

Sem título
Autora: Aurora, 4.9 anos
Dimensões: 28,3 x 35 cm
Técnica: marcador multiuso à base de água dourado sobre papel metalizado

Autores: Alice, Aurora, Karim e Meriem, 4 anos

...il bimbo aveva trovato il libro nel suo giardino,
...forse un mago lo aveva dimenticato lì

Aveva un libro magico che lo ha portato
fino alla caverna perché il libro sapeva TUTTO

che faceva apparire tutte le cose che volevi

Era
grosso...
grande
peloso e...
tutto d'oro e

dentro c'erano delle scritte magiche

{Sugestões narrativas
História da cidade labirinto

A trama do papel sugere os traços gráficos que se tornam percursos de uma cidade; um sol sobre o acetato sobreposto ao papel pode representar um belo dia, ao amanhecer ou quando o sol se põe, segundo a orientação da folha de acetato.
A história se desenlaça com a sobreposição de outros acetatos, segundo uma técnica narrativa que as crianças encontram em alguns livros e que frequentemente reutilizam e reinterpretam.

História da cidade labirinto
Autora: Nadia, 5.9 anos
Dimensões: 29,7 x 21 cm
Técnica: marcadores multiuso à base de água sobre papel ondulado

Amanhecer

Pôr do sol

Se o sol for para o outro lado, vai para outra cidade...
Nadia, 5.9 anos

Quando vai para lá, faz o pôr do sol.
Camilla, 5.7 anos

Se tirarmos a folha transparente, é uma cidade sem sol.
Emily, 5.9 anos

Páginas extraídas da *História da cidade labirinto*

Se o tirarmos, é uma cidade sem sol, fica de noite... precisamos da lua para a noite. Emily

Algumas vezes tem nuvens... Se cai um temporal, a cidade fica tempestuosa. Se nós mudarmos sempre as folhas transparentes em cima da cidade, muda o dia. Carlotta

São as marcas dos raios de sol... e fica mais quente naquela cidade. Nadia

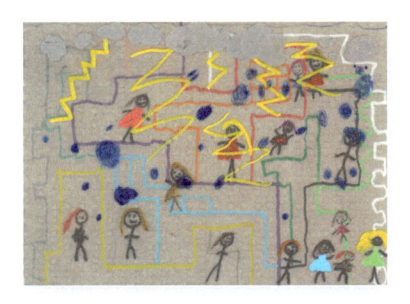

Parece uma cidade labirinto... onde você pode se perder. Claudia

Eu queria ir dentro, assim podia me aventurar. Carlotta

Vamos fazer entrar todos! Nadia

... nos perdemos em um dia feio ou bonito. Arianna
Pode acontecer nessa cidade! Carlotta
Uma criança foi atingida por uma gota de chuva enorme! Carlotta
Eu fui eletrocutada! Arianna

Autores:
Arianna, Carlotta, Claudia, Emily e Nadia, 5 anos

Se colocarmos o tesouro, eu vou encontrar! Arianna
Coloco a Arianna dentro do tesouro e a Bruni também! Carlotta
O tesouro caiu na cabeça do Davide! Arianna

Diversas identidades

A girafa, um sujeito singular que na representação gráfica coletiva se declina imediatamente no plural, testemunha o interesse e a sensibilidade das crianças nos confrontos das diversidades.

As várias qualidades dos suportes, das folhas ásperas, lisas, transparentes sobre as quais as crianças desenham, acolhem e qualificam as histórias – uma diferente da outra, que se *acabam em cima ou dentro* – e as diversas identidades de girafas – *arranhosas, escorregosas, fantasiosas, vagantes* – tão imaginárias quanto prováveis.

*Em uma folha transparente,
na folha 'meiazinha',
em uma folha áspera,
e na preta...
as histórias de coragem.*

*está uma história lisa,
está uma história áspera,
está uma história ralada...
naquela preta estão*

Alessandro, 5.6 anos

{Diversas identidades
Histórias de girafas

A girafa também fica arranhada, porque eu escolhi um papel que arranha.
Arianna, 5.10 anos

Girafa arranhosa
Autora: Arianna, 5.10 anos
Dimensões: 29,7 x 21 cm
Técnica: giz pastel oleoso e marcadores multiuso à base de água sobre papel lixa

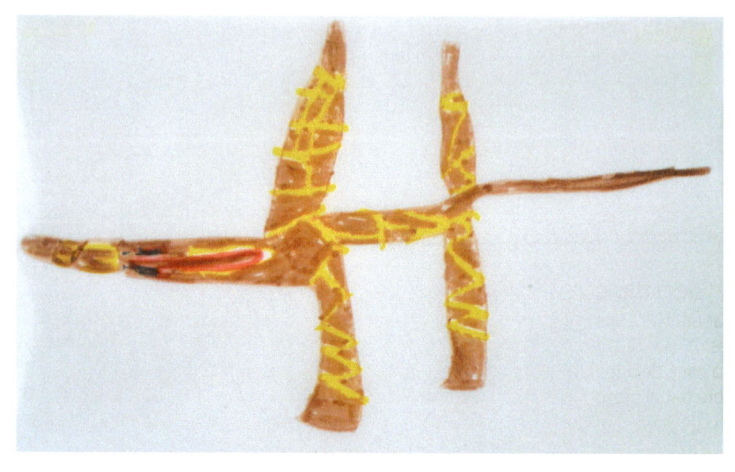

Girafa achatada
Autor: Alessandro, 5.6 anos
Dimensões: 29,7 x 21 cm
Técnica: canetas hidrocor sobre papel vegetal

Esta é uma girafa lisa, em um mundo liso que escorrega para os lados.
Arianna, 5.10 anos
É toda achatada: é uma girafa pizza.
Alessandro, 5.6 anos

Duas girafas: uma vai para cá...
... e se eu viro o papel, uma vai para lá! Vagueia.
Claudia, 5.8 anos

Sem título
Autora: Claudia, 5.8 anos
Dimensões: 29,7 x 21 cm
Técnica: marcadores permanentes sobre acetato transparente

Fica fantasmosa... tem uma girafa fantasmosaaaa!!! Está sonhando!
Claudia, 5.8 anos

Sem título
Autora: Claudia, 5.8 anos
Dimensões: 29,7 x 21 cm
Técnica: marcadores multiuso à base de água dourado e prateado sobre papel preto

{Diversas identidades
Histórias de girafas

Sem título
Autora: Claudia, 5.8 anos
Dimensões: 29,7 x 21 cm
Técnica: marcadores multiuso à base de água sobre papel preto

A girafa estava no escuro.
Claudia, 5.8 anos

Tem que enfrentar os seus medos, porque elas também têm medos: todos têm medo...
Leonardo, 5.4 anos

Sem título
Autora: Nadia, 5.9 anos
Dimensões: 29,7 x 21 cm
Técnica: marcadores permanentes sobre acetato transparente

As girafas conversam entre elas... dão um click de baixa frequência, que é um som que é quase imperceptível para o homem e serve para falar com os animais...
Alessandro, 5.6 anos

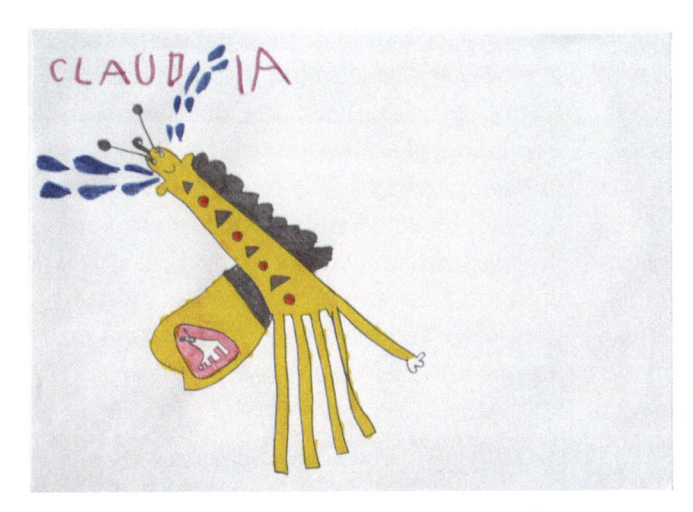

Sem título
Autora: Claudia, 5.8 anos
Dimensões: 29,7 x 21 cm
Técnica: canetas hidrocor sobre papel branco

Fazem as coisas em grupo... fazem as coisas como verdadeiras mães...
Alessandro, 5.6 anos

Sem título
Autor: Alessandro, 5.6 anos
Dimensões: 29,7 x 21 cm
Técnica: marcadores permanentes sobre acetato transparente

Vão para a cidade e se encontram, podem conversar ou brincar.
Alessandro, 5.6 anos

E, se tiverem sorte, podem encontrar uns modelinhos de leão, porque nas cidades, no centro, tem uns leões de pedra...
Leonardo, 5.4 anos

{Diversas identidades
Histórias de girafas

As crianças estão vivendo uma experiência de brincadeira com toda a paixão que a acompanha: a história de girafas e a busca de uma praça-savana onde possam se encontrar vão se compondo com a utilização de computador, webcam, vídeo-projetor e caneta ótica e ganham forma na mente das crianças, graças também às possibilidades narrativas que esses instrumentos oferecem.

A situação de investigação é gerada pela projeção da webcam, colocada no parapeito da janela, e torna-se um jogo entre ambiente interno e externo, entre objetos e imagens: a janela é a fronteira que conecta os espaços da seção* e do jardim, que representam as duas dimensões do real e imaginário, do natural e virtual. As crianças se posicionam na janela, com fluidez entram e saem dos dois ambientes e os colocam em comunicação. Dirigem o que acontece nos dois espaços, guiando os movimentos dos amigos, que se movem na praça-savana criada no jardim, em volta da webcam, com materiais naturais, para oferecerem comida à girafa *"mágica porque não nasceu da natureza"*.

Uma girafa mágica, porque não nasceu da natureza.
Alessandro, 5.6 anos

---
*N. de R.T.: Termo utilizado para espaço de referência na abordagem de Reggio Emilia.

Alguns momentos extraídos do vídeo de documentação

Da janela a girafa foi para fora, no jardim.
Carlotta, 6 anos

Ela é muito fina e pode se enfiar em todo lugar.
Alessandro, 5.6 anos

Mimetismo

O mimetismo brinca na área do possível: algo que existe, mas também se esconde e nunca desaparece completamente.

{Mimetismo
Entre visível e invisível

A correspondência cromática, como preto sobre preto e branco sobre branco, cria uma espécie de mimetismo das marcas que as crianças amam explorar com interesse, diversão e ironia, desafiando a invisibilidade.

Está aqui, está aqui!
Filippo, 2.10 anos

Sem título
Autor: Filippo, 2.10 anos
Dimensões: 33 x 24 cm
Técnica: marcador multiuso à base de água sobre papel

*A cor escorregava
porque é preto no preto.*
Filippo, 2.10 anos

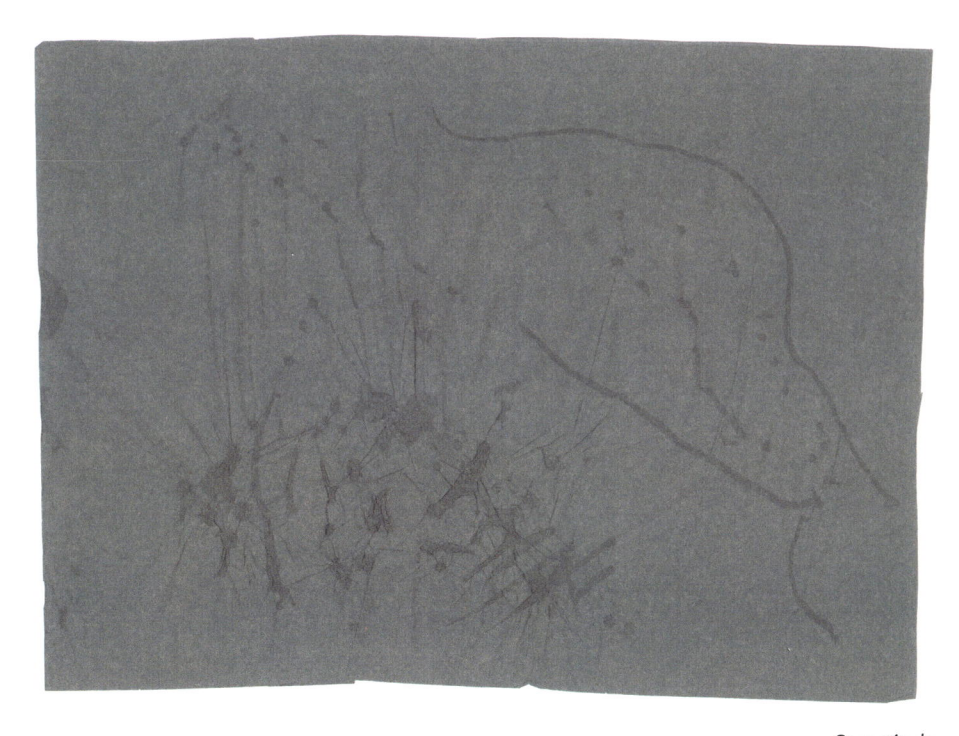

Sem título
Autor: Filippo, 2.10 anos
Dimensões: 29 x 21 cm
Técnica: marcador multiuso à base de água sobre papel de seda

{Mimetismo
Entre visível e invisível

Eu desenhei o meu parque preferido! Acabei... estão vendo?
Marisa, 3.6 anos

Não, eu não estou vendo!
Maura

Porque eu fiz uma brincadeira! Peguei o papel preto e a canetinha preta e não dá mais para ver o meu desenho!
Marisa, 3.6 anos

Sem título
Autora: Marisa, 3.6 anos
Dimensões: 29,6 x 20,8 cm
Técnica: marcador multiuso à base de água sobre papel preto

Os trens passam quando está de noite e não dá para ver bem porque é noite.
Tommaso, 4.9 anos

Sem título
Autor: Tommaso, 4.9 anos
Dimensões: 21 x 7,5 cm
Técnica: canetas hidrocor sobre papel preto

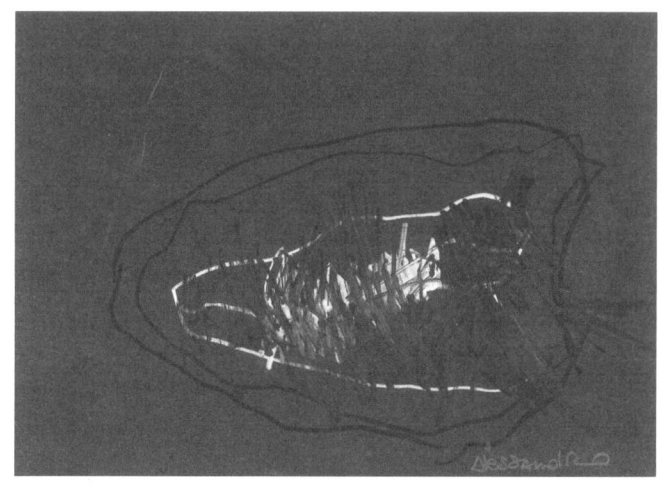

Baleia comeu todo peixe!
Autor: Alessandro, 3.2 anos
Dimensões: 20 x 15 cm
Técnica: marcador multiuso à base de água e canetas hidrocor sobre papel preto

{Mimetismo
Marca efêmera

Marcas/desenhos d'água traçados sobre uma pedra são acolhidos e absorvidos em um tempo que flui, transformando e narrando.

Uma narrativa também fluida e transformadora, em estreita relação com as formas gráficas e o tempo.

História da lesma

História do Tricerátopo

O dinossauro é um Tricerátopo, está desaparecendo porque todos os dinossauros desapareceram! Luca, 5.5 anos
　　　Nãooo, está se escondendo atrás de um arbusto! Gianluca, 5.9 anos

A lesma que vai embora muuuuuito devagar.
Gianluca, 5.9 anos

História da nuvem

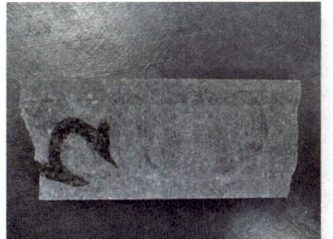

A nuvem que está desaparecendo... Luca, 5.5 anos
Não, está se mexendo! Gianluca, 5.9 anos
Está indo para o céu... Luca, 5.5 anos

Relançamentos

Nas páginas seguintes, alguns testemunhos de como os professores, identificando nas investigações das crianças potencialidades expressivas, as propõem e relançam também para outras crianças.

Uma modalidade enriquecedora de relação e aproximação aos pontos de vista das crianças.

{Relançamentos
Um belo quarto escuro

Um belo quarto escuro
Autora: Marzia, 4 anos
Dimensões: 29,7 x 21 cm
Técnica: nanquim e carvão vegetal sobre papel branco

Relançamento – O escuro também pode ser desenhado, é uma dimensão fascinante e misteriosa. A professora propõe a outras crianças o sujeito representado por Marzia, mas sob um ponto de vista diferente:

"E se acendermos a luz?"

Sem título
Autora: Marzia, 4 anos
Dimensões: 29,7 x 21 cm
Técnica: canetas hidrocor e lápis coloridos sobre papel

À noite, o sol se esconde e vai encontrar a lua...
Marzia, 4 anos

Sem título
Autora: Emily, 4.1 anos
Dimensões: 29,7 x 21 cm
Técnica: lápis coloridos sobre papel

Aqui tinha um desenho de azul, mas o papel preto bebeu tudo, então eu fiz um desenho de noite de prata... os ladrões se escondem na noite.
Emily, 4.1 anos

{Relançamentos
As amizades do preto e do branco

Neste desenho, que é muito bonito, dá pra ver que tem branco, porque embaixo tem um desenho de preto... O preto e o branco são duas cores amigas...
Antonio, 4.6 anos

Sem título
Autor: Antonio, 4.6 anos
Dimensões: 39 x 28 cm
Técnica: canetas hidrocor, carvão vegetal e marcadores multiuso à base de água sobre papel branco

Relançamento – A professora propõe a um grupo de crianças o mesmo tema:

"Pode-se inventar uma história do branco e do preto?"

Olha, eles se tocam: o preto se mistura com o branco. Cada um nos dá um pouco da sua cor...
Andrea, 4.9 anos

Sem título
Autor: Andrea, 4.9 anos
Dimensões: 22,7 x 18 cm
Técnica: marcadores multiuso à base de água e lápis aquarela tipo Jumbo sobre papel de embalagem

Aqui o Branco o toca... faz cócegas na barriga do Preto.
Sofia, 4.1 anos

Sem título
Autora: Sofia, 4.1 anos
Dimensões: 40 x 24 cm
Técnica: lápis e caneta hidrocor sobre papel kraft ouro

Aqui os círculos se beijam, se grudam e se misturam.
Benedetta, 4.4 anos

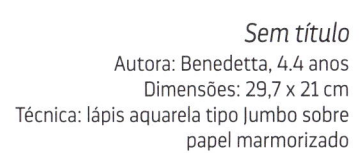

Sem título
Autora: Benedetta, 4.4 anos
Dimensões: 29,7 x 21 cm
Técnica: lápis aquarela tipo Jumbo sobre papel marmorizado

{Relançamentos
Efeito vento

A menina arrasta casualmente com a mão a marca do giz sobre a superfície da folha, deixando um traço que ela define como *"efeito vento"*.

*Nessas flores, tem um efeito vento...
o vento as dissolve, é um efeito bonito.*
Alisia, 4.10 anos

Sem título
Autora: Alisia, 4.10 anos
Dimensões: 29,7 x 21 cm
Técnica: canetas hidrocor e giz pastel seco sobre papel preto

Relançamento – A professora propõe:

"Dá para desenhar o vento?"

Um desenho de vento... em cima e embaixo, direita e esquerda, porque o vento vai para todo lugar; eu também usei um papel fino e leve, porque, para fazer o vento, é preciso de leveza!
Arianna, 5.2 anos

Desenho leve de vento quente... sente com a mão como é quente...
Arianna, 5.2 anos

Sem título
Autora: Arianna, 5.2 anos
Dimensões: 21 x 14 cm
Técnica: giz pastel seco sobre papel de seda

Sem título
Autora: Arianna, 5.2 anos
Dimensões: 26,9 x 17,8 cm
Técnica: giz pastel seco sobre papel de embalagem

Aqui tinha flores, mas o vento chegou e as fez voar para um país distante distante... para fingir que elas voaram, eu as varri com a mão: mas não fiz todas irem embora, senão não dá para entender que são flores.
Arianna, 5.2 anos

Sem título
Autora: Arianna, 5.2 anos
Dimensões: 21 x 14 cm
Técnica: giz pastel seco sobre papel de embalagem

Acidentes criativos

Um gesto casual, um efeito inesperado, um acidente criam nas crianças curiosidades e surpresas. Dificilmente são considerados erros, mas são interpretados dentro de um significado representativo.

{Acidentes criativos
As árvores queimadas

O desenho sobre acetato transparente de árvores, cujos ramos têm uma *marca arrastada*, é interpretado por Giulia como: "*É o vento que as empurra*". Isso sugere provavelmente um segundo desenho, com suporte e sujeito diferentes, mas em relação com o anterior: "*É a fumaça e o fogo*". Logo depois, a menina junta, sobrepondo-os, os dois desenhos, dando origem a um novo entrelaçamento narrativo.

Agora eu faço o vento. Parecem ramos que se agitam:
o vento que os empurra, um vento muito forte!
Dennis, 5.5 anos

1. Desenho sobre acetato transparente

Coloquei o braço em cima.
Giulia, 5.10 anos

Desbotou um pouco.
Dennis, 5.5 anos

Fiz um efeito que faz desaparecer o ramo da árvore.
Giulia, 5.10 anos

2. Desenho sobre papel de embalagem

É a fumaça e o fogo que se misturam, porque estão perto e um em cima do outro.
Giulia, 5.10 anos

3. Acetato sobreposto ao papel de embalagem

As árvores se afundaram no fogo!
Dennis, 5.5 anos

As árvores queimadas
Autora: Giulia, 5.10 anos
Dimensões: 42 x 29,7 cm
Técnica: canetas hidrocor e carvão vegetal preto e sanguínea sobre acetato e papel de embalagem

{Acidentes criativos
Marca nômade

Materiais permeáveis à tinta acolhem uma marca que se transfere da folha para um outro suporte.

A curiosidade, a persistência com que as crianças indagam os instrumentos gráficos é frequentemente acompanhada de tentativas de segurar o instrumento e de pressões repetidas várias vezes, que podem causar um acidente *técnico*.

As crianças se sentem desapontadas? Geralmente não, o olhar delas é como o de Zakariae, que interroga e procura entender a situação que se criou. Posteriormente, com frequência, procuram tentar de novo e reproduzi-la.

Caiu...
... fiz eu aqui depois foi para baixo.
Zakariae, 2.2 anos

Sem título
Autor: Zakariae, 2.2 anos
Dimensões: 29,7 x 21 cm
Técnica: marcadores multiuso à base de água sobre papel tecido

{Acidentes criativos
Impressões transformadas

Com suportes matéricos diferentes – às vezes permeáveis, às vezes impermeáveis aos diversos tipos de tintas – as crianças geram pegadas, uma espécie de reprodução/carimbo dos seus desenhos.

Ativando estratégias diferentes, as reproduções se tornam sujeitos tão importantes quanto as obras que as geraram.

Marina mostra para Sara como produzir pegadas/manchas sempre diferentes, onde a brincadeira do *"Parece..."* dá vida a novas identidades: *"Parece a cara de um crocodilo"*. A imagem é então graficamente completada, com a utilização de instrumentos gráficos diversos, escolhidos com consciência expressiva.

Marina explica a Sara os procedimentos para imprimir uma "mancha" de um papel para outro...

*Aperta bem no papel branco...
aqui está a mancha!*
Marina, 4.4 anos

Parece a cara de um crocodilo!

Com a canetinha fina, faço as escamas e as pontas nas costas...

Com o carvão sombreado, faço o mar onde está o crocodilo!

{Acidentes criativos
Impressões transformadas

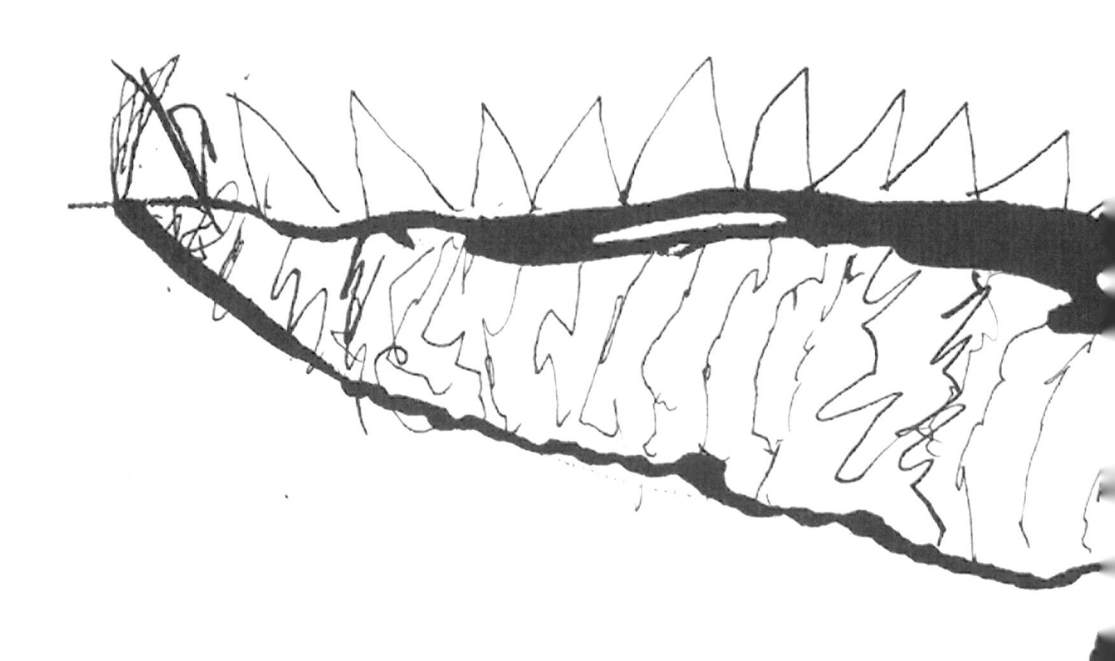

Crocodilo monstruoso que morava no mar negro
Autora: Marina, 4.4 anos
Dimensões: 42 x 29,7 cm
Técnica: carvão vegetal e nanquim sobre papel branco

Aqui o crocodilo monstruoso no mar negro!
Marina, 4.4 anos

{Acidentes criativos
Impressões

A professora pensa em oferecer a um grupo de crianças uma nova proposta, considerando que a impressão deixada pela imprevista colagem do desenho de Maria Elena no papel de baixo possa se tornar objeto de uma nova narrativa.

A que foi mostrada aqui é somente uma das muitas histórias em que as crianças escolhem como protagonista não o desenho de partida, mas a marca "impressa": uma espécie de eco, de duplo, que desencadeia elementos narrativos, como o desaparecimento, um espelho sujo ou, como neste caso, a perda da memória como apagamento da identidade, que se recompõe no momento do reencontro da própria memória.

A história é composta através de uma discussão/confronto de ideias entre os dois protagonistas que, mesmo na diversidade dos imaginários narrativos, conseguem entrar num acordo, sobretudo para obterem um final feliz.

As duas flores
Autora: Maria Elena, 3.1 anos
Dimensões: 23,5 x 18 cm
Técnica: marcadores multiuso à base de água sobre papel branco

Relançamento – De uma descoberta de Maria Elena, 3.1 anos, e com a proposta da professora, alguns pontos narrativos de Martina, 5.8 anos, e Pietro, 6.3 anos.

A história de duas florzinhas

Uma flor estava quase desaparecendo, porque se esqueceu de tudo e um dia desapareceu! Martina

Mas não desapareceu! Pietro

Então, estava desaparecendo e depois a amiga dela não a achou mais... Martina

Não, não, não, achou sim e depois a flor que estava desaparecendo viu o amigo e depois ela voltou a ser como antes e se abraçavam com as suas folhas. Pietro

Não, ela desapareceu e o amigo dela pensou que tinha ido embora... Martina

Mas essa história faz mesmo chorar! Pietro

E pensou que ela tinha ido embora, mas um dia, lembrando-se de todas as coisas, encontrou a amiga dela e se abraçaram! Martina

É a história de uma florzinha, também está embaixo, mas ela sai porque está grudada.
Maria Elena, 3.1 anos

{Acidentes criativos
Impressões

O menino despedaçado
Versão de Adelaide, 3.11 anos

1. *Tinha um menino despedaçado feito de pedaços, porque alguém, por erro, pegou um martelo e, em vez de fazer o seu trabalho, atingiu-o com o martelo.*
2. *Depois o menino despedaçado ia procurar alguma coisa para se consertar.*
3. *Pode se consertar com cimento que vai procurar em uma obra, que depois ele fica novo.*
4. *E, no final, ele volta para casa.*

Guardanapo dobrado

O menino despedaçado
Autora: Adelaide, 3.11 anos
Dimensões: 30 x 30 cm
Técnica: marcadores multiuso à base de água sobre guardanapo de papel

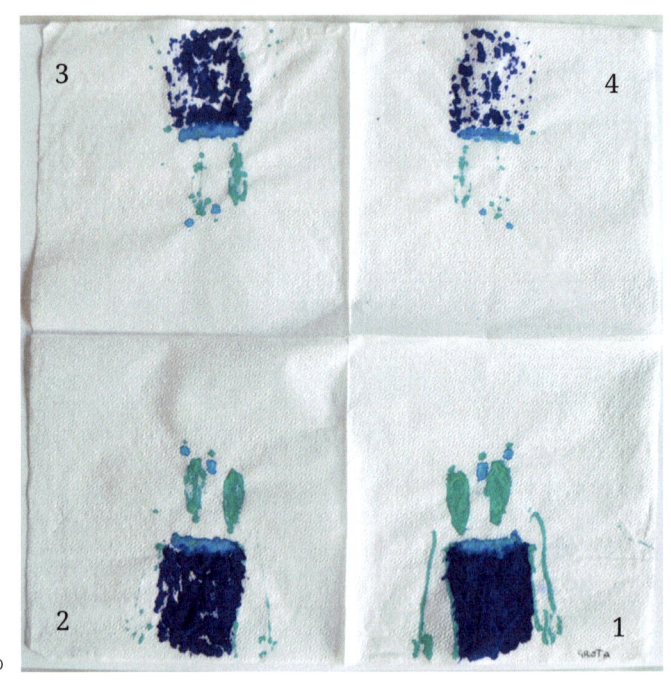

Guardanapo aberto

Pegadas de dinossauro

Parece uma pata de dinossauro com buraco.
Marisa, 3.6 anos

O dinossauro, uma vez, machucou os ossos, o dinossauro, quando veio o frio do inverno, os dinossauros morreram e as pessoas finalmente estão todas salvas.
Marisa, 3.6 anos

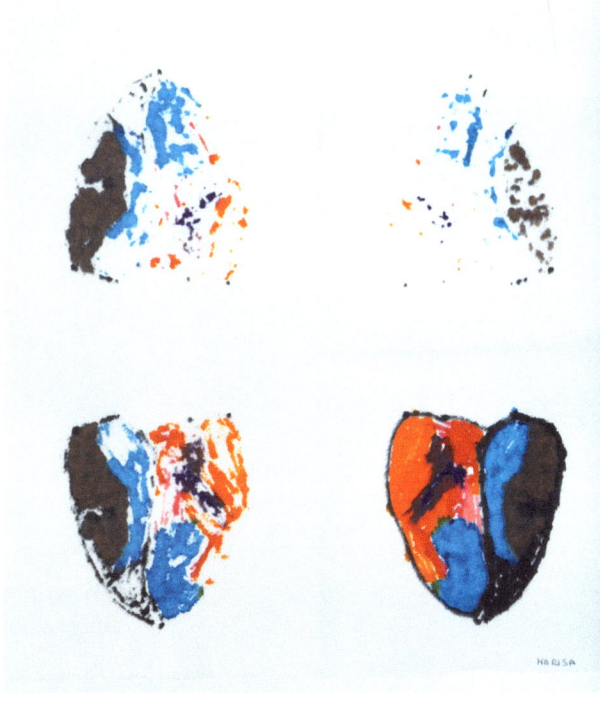

Pegadas de dinossauro
Autora: Marisa, 3.6 anos
Dimensões: 30 x 30 cm
Técnica: marcadores multiuso à base de água sobre guardanapo de papel

{Acidentes criativos
Marca nômade 2

Existem instrumentos gráficos que deixam, em determinados suportes, marcas instáveis, transformadas por um gesto casual em um efeito inesperado: *"Está aqui o desenho... no dedo"*, um acidente que ativa nas crianças curiosidade e surpresa.

*Está aqui o desenho, dedo...
não está mais, está no dedo!*
Sofia, 1.9 ano

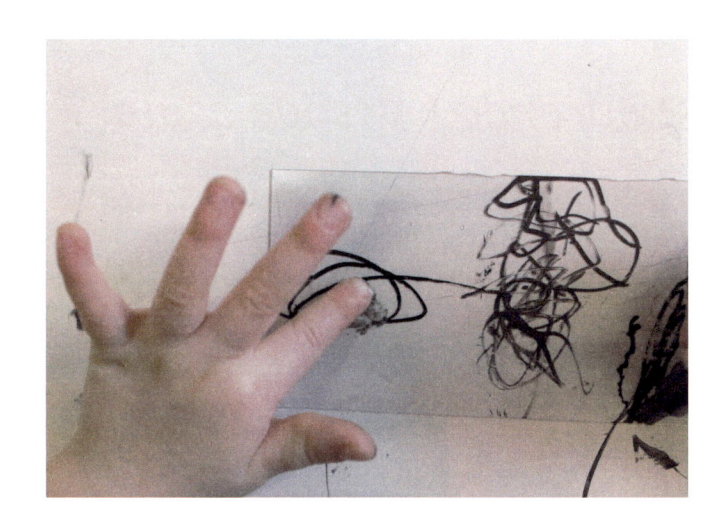

Sem título
Autora: Sofia, 1.9 ano
Dimensões: 23 x 6,4 cm
Técnica: marcador multiuso à base de água sobre acetato

{Acidentes criativos
A menina que está tirando o vestido azul

Um gesto, como tocar com o dedo o vestido da menina desenhada, gera um imprevisto: a cor se apaga. Ironia, diversão e uma pitada de transgressão, como os ingredientes que levam Alice a apagar com um dedo toda a cor do vestido, desnudando assim a figura, mas que é imediatamente revestida com uma nova veste indelével.

Alice utiliza a transparência da folha e, apoiando-a no vidro da janela, leva a figura para passear no jardim da escola.

1

2

3

4

Quero fazer outro desenho na folha transparente de plástico, faço uma menina: o corpo, os braços, as pernas...

Agora faço o vestido com aquela canetinha azul...

Ei, mas apaga com o dedo! Olha, Emily, se eu tocar, vai embora!

A menina está tirando o vestido azul.

Descobri uma coisa: se eu colocar no vidro, parece que a menina corre na grama... tralalá, tralalá, a menininha se divertindo na graminha... estou fazendo um desenho animado.
Alice, 4.3 anos

Tirando a roupa
Autora: Alice, 4.3 anos
Dimensões: 21 x 29,7 cm
Técnica: canetas hidrocor fluorescentes e marcadores permanentes sobre acetato

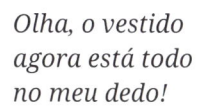

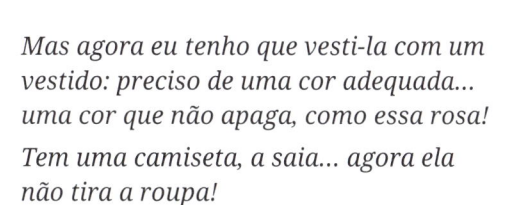

5 6 7

Olha, o vestido agora está todo no meu dedo!

Mas agora eu tenho que vesti-la com um vestido: preciso de uma cor adequada... uma cor que não apaga, como essa rosa!

Tem uma camiseta, a saia... agora ela não tira a roupa!

{Acidentes criativos
O monstro peludo da noite que queria comer Heidi

Nesta história, a animação é muito importante para fazer compreender o quanto o suporte gráfico escolhido, projetado só pela imaginação, já contém parte da narrativa.

A grande folha de papel preto e a pequena folha transparente personificam, antes mesmo de serem desenhados, o monstro peludo e Heidi. O monstro se aproxima ameaçadoramente de Heidi que, para se defender, fica invisível, apagando o traço que a representou (possibilidade técnica concedida por uma tinta que não foi absorvida pela folha). Invisibilidade que lhe permite fugir do monstro, zombando dele.

Quero desenhar um monstro que queria comer Heidi. Ele a viu brincando com um monstro de brinquedo e decidiu comê-la.

O monstro era grande grande grande, alto como esta folha. Porque Heide é pequena.

Era um monstro todo nu.

Tinha pelos, era todo peludo...

... a pele toda enrugada com os pelos grudados.

Tinha as garras compridas... as orelhas grandes... parecia um rato.

O monstro peludo
Autor: Diego, 3.8 anos
Dimensões: 29,7 x 42 cm
Técnica: caneta hidrocor sobre papel preto

O monstro encontrou ela, mas agora Heide está invisível e também pode voar! Olha como ela voa! E diz: "Tchau, adeus pimentão!"

Diego, 3.8 anos

Heidi estava na frente do monstro.

Olha! Heidi estava correndo!

Está desaparecendo! ... porque se apaga e... fica invisível para o monstro, assim ele acha que ela é um arbusto rosa!

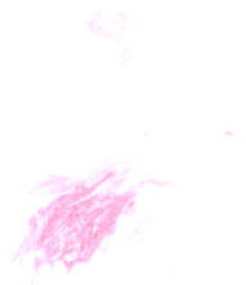

Sabe por que ele tinha a boca sorridente? Porque estava contente de comer Heide. Estava se aproximando com os seus pezões peludos...

Heidi
Autor: Diego, 3.8 anos
Dimensões: 14,8 x 21 cm
Técnica: caneta hidrocor fluorescente sobre acetato

Chega de apagar, apagar, apagar!

{Acidentes criativos
História de uma bruxa que perdeu as pernas

Um imprevisto gráfico gera uma nova trama narrativa.

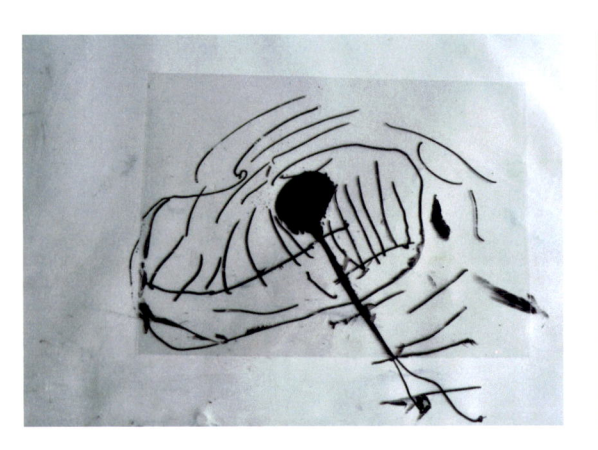

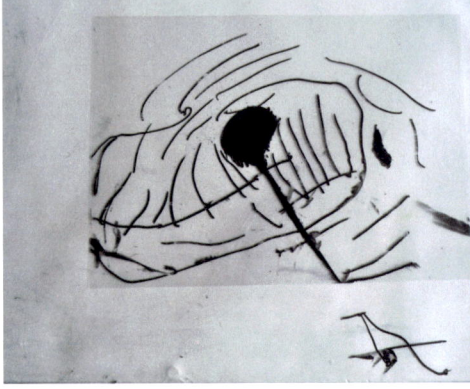

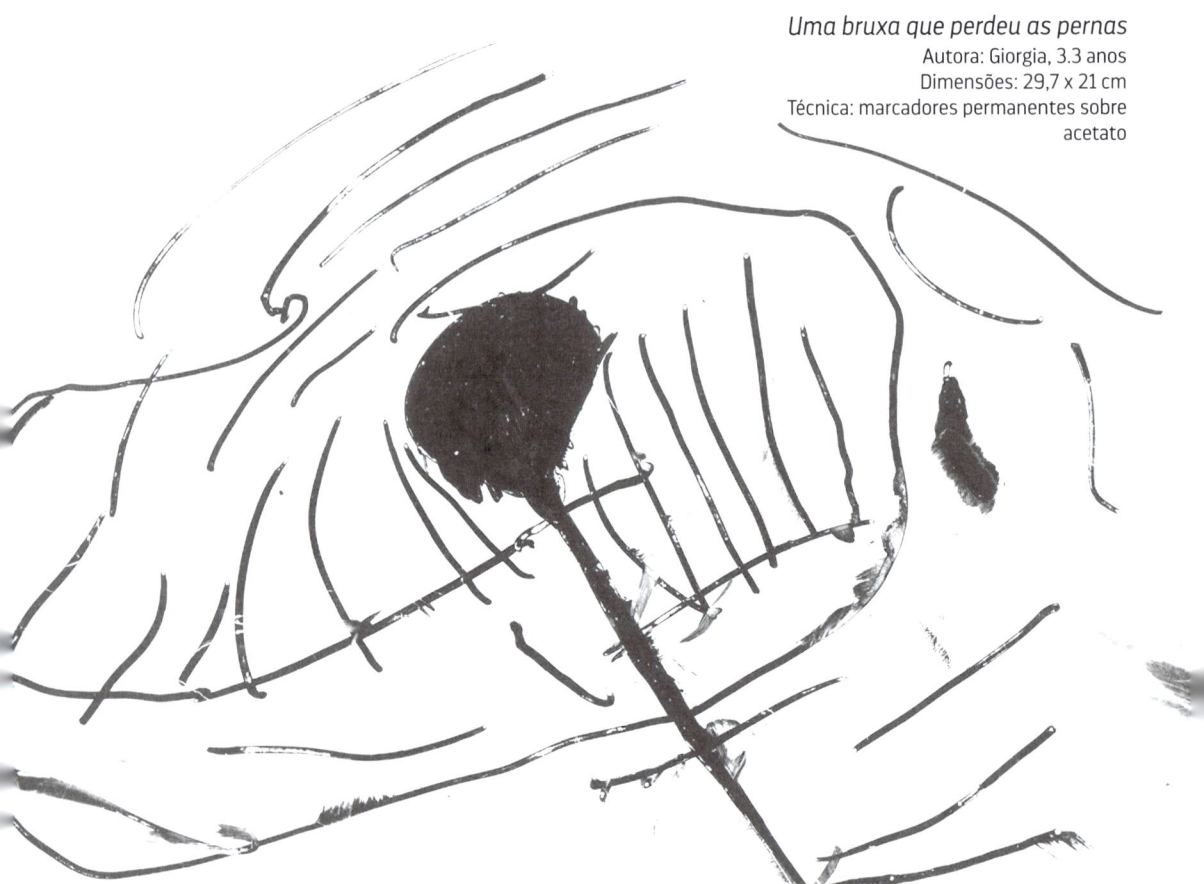

Uma bruxa que perdeu as pernas
Autora: Giorgia, 3.3 anos
Dimensões: 29,7 x 21 cm
Técnica: marcadores permanentes sobre acetato

Giorgia explica aos dois amigos maiores o problema que ela encontra.

As pernas ficaram aqui, em cima da toalha, porque, quando eu fiz assim com a canetinha, ficaram aqui. Quando eu desenhei com a canetinha aconteceu essa coisa aqui...
Giorgia, 3.3 anos

Até porque a folha é transparente...
Siria, 5.5 anos

Não dá para saber onde termina a folha.
Gianluca, 5.6 anos

Relançamento – A professora propõe:
"O que pode acontecer a esta bruxa?"

{Acidentes criativos
História de uma bruxa que perdeu as pernas

A história da bruxa sem pernas

Em um castelo, morava uma bruxa que uma vez saiu para fora e depois voou, mas as pernas estavam grudadas no chão... na terra, então a bruxa foi voar para ver se as encontrava, depois as pernas iam embora e andavam sozinhas e depois as pernas iam para uma cidade maravilhosa...

Sem título
Autor: Costantino, 6 anos
Dimensões: 48,9 x 35 cm
Técnica: lápis de cor sobre papel de embalagem

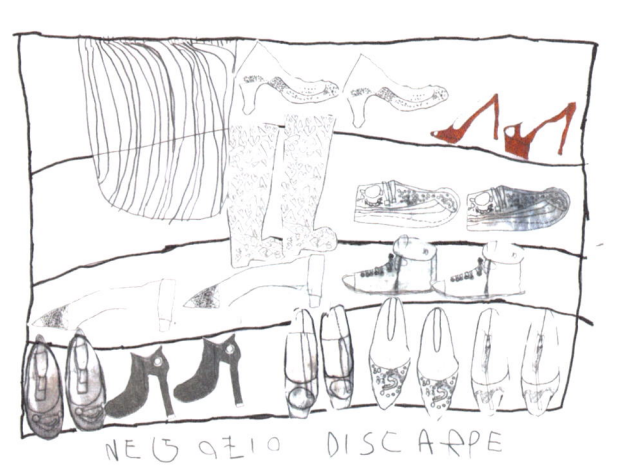

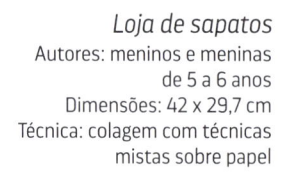

Loja de sapatos
Autores: meninos e meninas de 5 a 6 anos
Dimensões: 42 x 29,7 cm
Técnica: colagem com técnicas mistas sobre papel

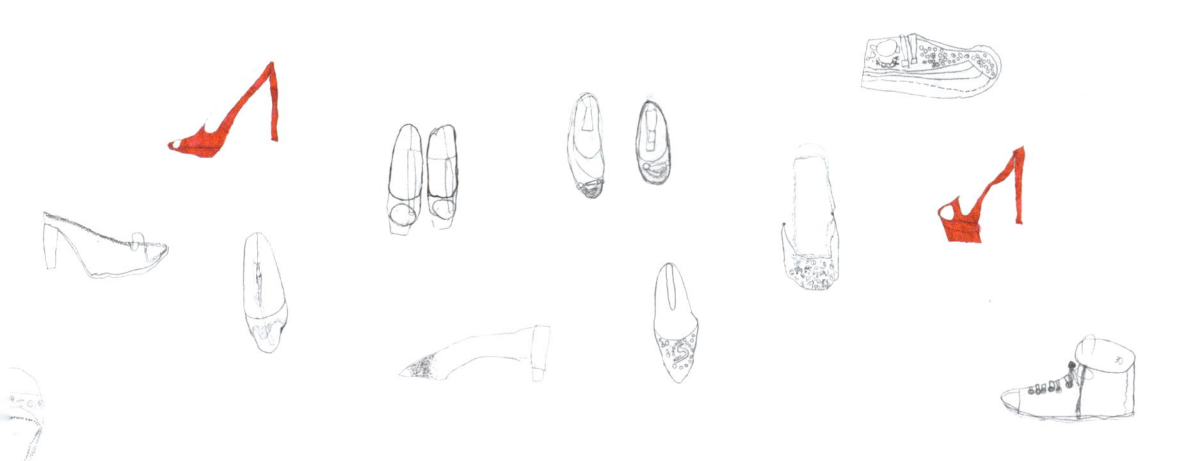

... e viam uma lojinha cheia de sapatos bonitos, depois viam uma caixa com sapatos vermelhos muito brilhantes, de salto! E então experimentavam e então pediram para a senhora para comprar e a senhora deixava as pernas comprarem os sapatos e as pernas experimentavam...

... e foram para a cidade, depois a bruxa foi para a cidade, se escondeu atrás de um arbusto, mas perto do arbusto estavam as pernas andando e a bruxa viu as pernas e também os sapatos estavam felizes de verem a bruxa, assim todos viveram felizes e contentes!

História contada por Siria e Gianluca

Sem título
Autor: Lorenzo, 6.2 anos
Dimensões: 42 x 29,7 cm
Técnica: canetas hidrocor sobre papel vegetal

{Acidentes criativos
A moscona e a mosquinha

Neste longo conto, é mostrada a grande capacidade das crianças, mesmo muito pequenas, de manterem em conexão planos conceituais e relacionais diversos: a expressividade dos materiais, a trama do conto, o acolhimento das intervenções dos amigos. Uma história individual se transforma em uma história coletiva, que acolhe as ideias de outras crianças, para depois ir além, voltar e reconectar tudo.

"É preto... eu gosto de preto, é a minha preferida porque é preto. Parece uma moscona, tem as asas da moscona que voa, que faz um zumbido e que vai no bosque e se esconde nas árvores escuras... o preto é escuro do breu. Escreve grande esse preto... e a moscona encontra um lobo, mas bom porque está com o papai dele" (Lorenzo).

Moscona e mosquinha nos revela um pouco de como imagens e narrativas são geradas na mente de uma criança que transita entre percepções visuais, táteis, sonoras e linguísticas.

O preto é uma cor, *"a minha preferida"* arrisca dizer Lorenzo, o preto é uma caneta hidrocor grossa e gera uma mancha que parece uma moscona e o prazer da brincadeira do parecer precisa encontrar confirmações nas asas para o voo e um gancho do preto do bosque que escurece as árvores.

"O preto é escuro do breu": uma frase de síntese potente, na qual são fundidas a consistência da matéria do preto e a impalpabilidade do breu.

Na narrativa, Lorenzo leva à cena outra figura que, na nossa cultura, é protótipo do preto: o lobo.

Preto cor que agrada, preto uma moscona que voa, que faz um zumbido, vai para um bosque e se esconde no escuro das árvores escuras, onde encontra um lobo preto. Gianni Rodari escreve: "... uma palavra, jogada na mente [...] produz ondas de superfícies e de profundidade, provoca uma série infinita de reações em cadeia, envolvendo, na sua queda, sons e imagens, analogias e lembranças, significados e sonhos, em um movimento que interessa a experiência e a memória, a fantasia e o inconsciente e que é complicado pelo fato de que a mesma mente não assiste passivamente à representação, mas intervém continuamente, para aceitar e repelir, conectar e censurar, construir e destruir".*

Fascinada por tanta riqueza semântica, a professora relança a Lorenzo: "O que você acha de tentar continuar a história da moscona com os seus amigos?".

———

*G. Rodari. *Grammatica della fantasia*, Einaudi, Torino, 1973.

Um relançamento que comunica ao menino a apreciação do adulto pela trama do seu primeiro conto e convida a explorar as possibilidades geradas pelo ser e fazer juntos. *"Zzzzzzzz zumbia a moscona..."* e a história recomeça por um som que evoca, na escuta dos outros, o movimento de um inseto que entra em um quarto levando algo de interessante para escutar, de um verbo que Lorenzo escolhe conjugar no tempo imperfeito, o tempo que projeta as crianças na dimensão do possível e do início de uma brincadeira juntos.

Uma folha semitransparente e opaca sobre a qual desenhar oferece uma refinada percepção visual e tátil, que Lorenzo interpreta com cor, traço e palavra: *"Tem neblina nesta folha, tem neblina fora também... está tudo cinza e eu desenho cinza... mas não é um dia feio, porque tem sol..."* e a história de *A moscona e a mosquinha* continua sobre uma faixa de papel branca que se encurva, sobre uma folha de papel telado que está em pé... continua com mais vozes, com as vivacidades de imagens mentais estimuladas por variações de brancos e pretos e de suportes de diferentes matérias.

Surpreendentemente, nesta investigação entre desenho e narrativa, estão justamente os sons do movimento e da vida, que são evocados e denominados pelas crianças, como um fio em volta do qual se dissipa e que envolve a história-poesia de escuro, de noite, de borrifadas de água de fontes, de luzes amarelas de estrelinhas no céu e de zumbidos de mosconas.

{Acidentes criativos
A moscona e a mosquinha

É preto... eu gosto de preto, é a minha preferida porque é preto. Parece uma moscona, tem as asas da moscona que voa, que faz um zumbido e que vai no bosque e se esconde nas árvores escuras... o preto é escuro do breu. Escreve grosso esse preto... e a moscona encontra o lobo, mas bom porque está com o papai dele.
Lorenzo, 2.11 anos

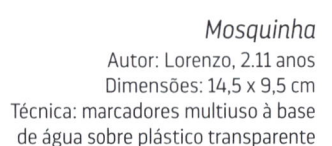

Mosquinha
Autor: Lorenzo, 2.11 anos
Dimensões: 14,5 x 9,5 cm
Técnica: marcadores multiuso à base de água sobre plástico transparente

Relançamento: "o que acham de tentar continuar a história da moscona com os seus amigos?"

Sim... com muitas cartas...
Lorenzo, 2.11 anos

Tá bom!
Andrea, 2.10 anos

Eu também.
Nikolos, 2.11 anos

Zzzzzzzz zumbia a moscona.
Lorenzo, 2.11 anos

Lorenzo (escolhe uma folha semitransparente)

Tem neblina nesta folha, tem neblina fora também...
está tudo cinza e eu desenho cinza...
mas não é um dia feio, porque tem sol...

Sem título
Autor: Lorenzo, 2.11 anos
Dimensões: 19,4 x 7,5 cm
Técnica: marcadores multiuso à base de água sobre plástico transparente

Fiz uma moscona e uma mosquinha... Vão para a creche, como nós, porque a outra mosquinha ficou grande.
Lorenzo, 2.11 anos

Faço um bolo... para a mosca de Lorenzo.
Nikolos, 2.11 anos

Sem título
Autor: Lorenzo, 2.11 anos
Dimensões: 21,3 x 15 cm
Técnica: canetas hidrocor sobre papel kraft

{Acidentes criativos
A moscona e a mosquinha

Mas a história continua com a neblina. Com este branco eu faço a neblina mais branca, porque às vezes tem menos neblina. Como aqui, está vendo?
Lorenzo, 2.11 anos

Mudei de folha de novo. Peguei esta que faz tropeçar...
Lorenzo, 2.11 anos

*Agora eu mudo de folha.
Este caminho é mais curto
(marca curta na folha).
É um atalho.*
Lorenzo, 2.11 anos

Sem título
Autor: Lorenzo, 2.11 anos
Dimensões: 33 x 8 cm
Técnica: lápis aquarela tipo Jumbo sobre papel ondulado

*Breu de cinza, escuro como este?
Eu faço o caminho comprido,
de escuro... para o castelo.*
Andrea, 2.10 anos

*Agora uso este grande com forma de tapete (papel telado).
Está em um castelo.
E a moscona e a mosquinha também, mas não se veem, porque está escuro.*
Lorenzo, 2.11 anos

Sem título
Autor: Andrea, 2.10 anos
Dimensões: 42 x 25 cm
Técnica: marcador multiuso à base de água prateado sobre papel branco

Eu vou com você, Lollo. No escuro. Está com medo? Andrea, 2.10 anos

Mas não precisa fazer barulho no castelo. Senão... senão... podem ouvir. Está ouvindo essa canetinha na folha? Faz barulho. Faz um barulho baixo. Andrea, 2.10 anos

Sim, mas agora eu não enxergo. Andrea, 2.10 anos

Eu também não enxergo. Não enxergamos no castelo... Lorenzo, 2.11 anos

Estou um pouco no escuro porque está de noite. E tinham uma lanterna. Ele voa, o papai moscão. E chama a mosquinha perto dele que faz um zumbido zin zin zin assim no papel... Lorenzo, 2.11 anos

Sim, mas era tarde da noite... e dava para ouvir a água da fonte... as borrifadas altas e depois baixas... depois cresciam para cima... depois para baixo assim... com o barulho sh sh sh. Mas tinha uma estrelinha no céu... precisa de prata para fazer brilhar. Lorenzo, 2.11 anos

Na minha história, um caçador tinha um saco com um lobo dentro, que dentro do saco não dava para ver porque estava escuro. E de amarelo fazia a luzinha. Andrea, 2.10 anos

Depois, se você quiser, nós contamos a nossa história. Mas precisa arrumar, como no castelo. Que a minha moscona e a mosquinha iam ver ele como nós. Lorenzo, 2.11 anos

Mas eu também estava no seu castelo! Andrea, 2.10 anos

Éramos dois amigos, como a moscona com os seus amigos, que tinha ido encontrar eles com a sua mosquinha. Lorenzo, 2.11 anos

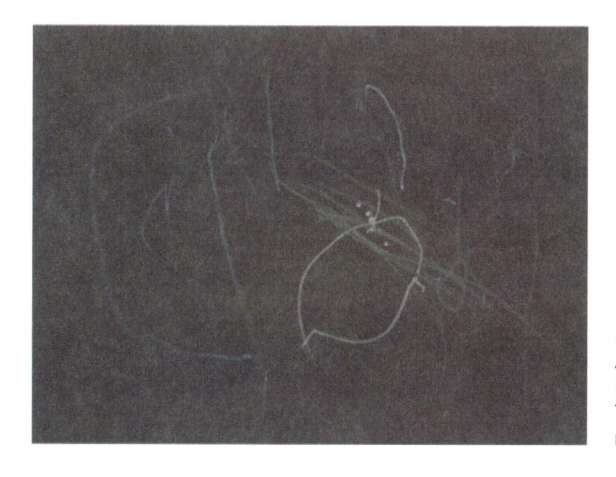

Sem título
Autor: Lorenzo, 2.11 anos
Dimensões: 40 x 29 cm
Técnica: lápis aquarela tipo Jumbo e marcadores multiuso à base de água sobre tecido preto

Cadernos de estudo e trabalho

Os cadernos de estudo contêm as observações e as documentações das investigações realizadas nas creches e nas escolas da infância.

Matérias gráficas

Além do material e dos produtos selecionados para a investigação exposta, as explorações de materiais e instrumentos são diversas e cada uma se abre a diferentes processos de aprendizagens e possibilidades da percepção, do gesto, da palavra e da imagem mental.

Inauguração
sábado, 10 de maio de 2014

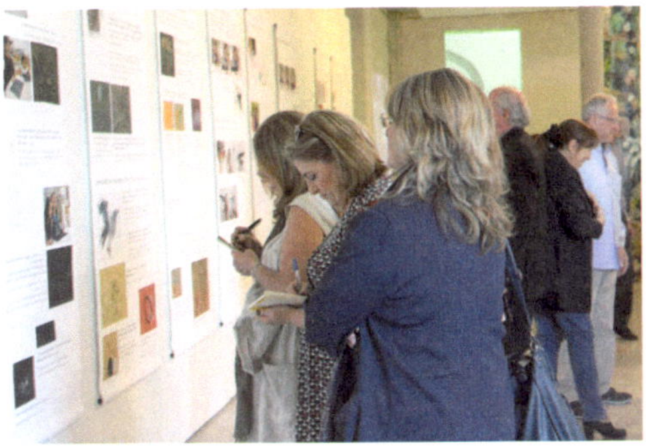

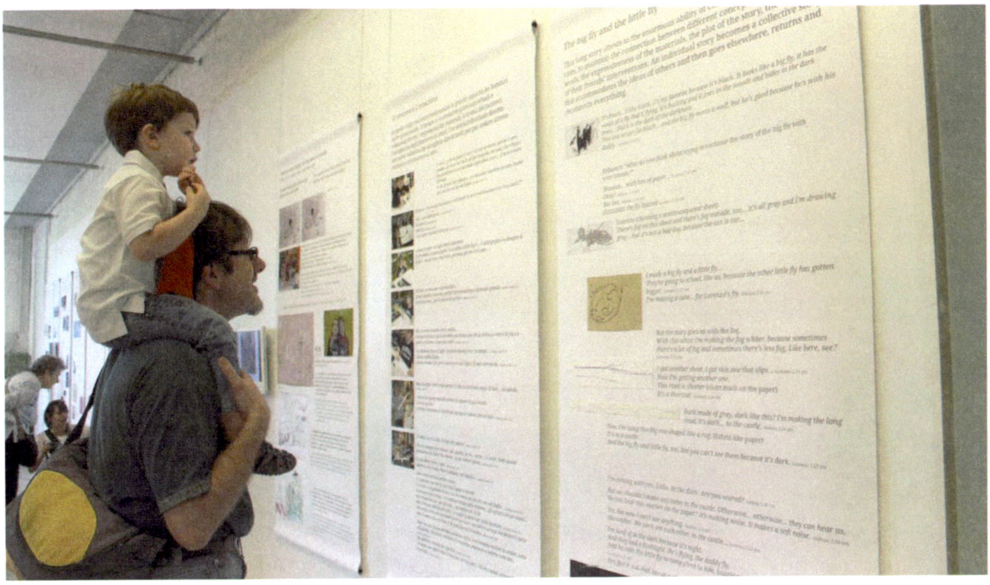
The big fly and the little fly

Ateliê

No ateliê, um convite para experimentar instrumentos gráficos, superfícies matéricas e para elaborar contos.

Tramas gráficas e narrativas

de Mirella Ruozzi

Um espaço ateliê voltado para o desenho e a narrativa, colocado no interior da exposição como parte da preparação do ambiente: uma estratégia interativa que sempre caracterizou as mostras realizadas pelas creches e escolas da infância do Município de Reggio Emilia. Uma escolha que enfatiza como teoria e práxis são inseparáveis e indispensáveis para a qualidade da experiência educativa.

O ateliê propõe aos visitantes, através de instrumentos e materiais, a exploração de maneira ativa e concreta e a reflexão sobre alguns processos e conceitos testemunhados pelos trabalhos das crianças expostos na mostra.

A oportunidade foi oferecida, em âmbito de formação, para professores e atelieristas de Reggio Emilia e de outras cidades italianas e para grupos de estudo provenientes de diversos países. A proposta foi incluída na programação dos Ateliês Cittadini do Centro Internacional Loris Malaguzzi e foi estendida às famílias.*

Ao observar e documentar o ateliê em ação, apareceram atitudes e atmosferas "transversais" e comuns a vários grupos: o prazer de pensar com as mãos e de refletir juntos; a coragem de experimentar sem medo de errar; um interesse lúdico pela manipulação de instrumentos e materiais; uma percepção de liberdade, capaz de acolher e utilizar criativamente o acaso ou o acidente técnico; uma empatia e curiosidade especiais, tão intensas que, às vezes, fazem perder a noção do tempo.

Da recognição da experiência feita no ateliê, surgiram perguntas e reflexões dos participantes sobre os contextos, projetados e propostos nas escolas e nas creches, sobre o papel do adulto e sobre os processos de aprendizagem ativados nas crianças.

Parece-nos importante mostrar aqui alguns comentários dos participantes do ateliê.

---

* N. de T.: São ateliês ofertados para a população em geral.

De Reggio Emilia (Itália)

"Essa estratégia de formação enfatiza a importância da experimentação por parte dos adultos, como parte de um pensamento projetual que sustenta a prefiguração de novos contextos, por sua vez geradores de novas perguntas e de novas hipóteses."

De Cosenza (Itália)

"O ateliê propõe uma narrativa ligada ao agir sobre as matérias, dentro de um processo de escuta transformador… de metamorfose."

De Roma (Itália)

"O ateliê é um belo 'vazio', que permite e dá espaço ao seu conhecimento, às suas sensações, às memórias do corpo… nesse espaço, que é cheio e que é vazio, você pode se expressar livremente."

Da Noruega

"A minha cabeça era como uma caixa… através da experiência do ateliê, a caixa finalmente se abriu… Entendi como as crianças podem reagir nesses contextos e aprendi como escutar os seus processos de aprendizagem, tão sensíveis e sofisticados."

Do Japão

"O ateliê dá a possibilidade de viver a sensação de 'incômodo' que um contexto como esse pode gerar: mesas cromáticas que criam um sentimento de estranhamento, mas que também podem gerar a vontade de experimentar tudo…"

"Compreendi melhor o papel do atelierista: bastou uma simples palavra, um simples gesto, para eu ser conduzida a uma compreensão mais madura e se abriram mundos de possibilidades…"

"É, ao mesmo tempo, um processo intelectual e emocional, que leva a perceber o belo, mesmo nascendo do acaso. O meu elogio vai para o contexto, capaz de apoiar de maneira tão eficaz a experiência."

Da Palestina

"Estar ali, no ateliê, com os materiais fora, mas também dentro de mim. Os materiais evocam imagens e, enquanto eu agia, ambos se transformavam continuamente. Conheci o trabalho que existe por trás desse tipo de proposta e disse a mim mesma: 'mas, se eu fizesse como as crianças, realmente nasceria um rio disso…'."

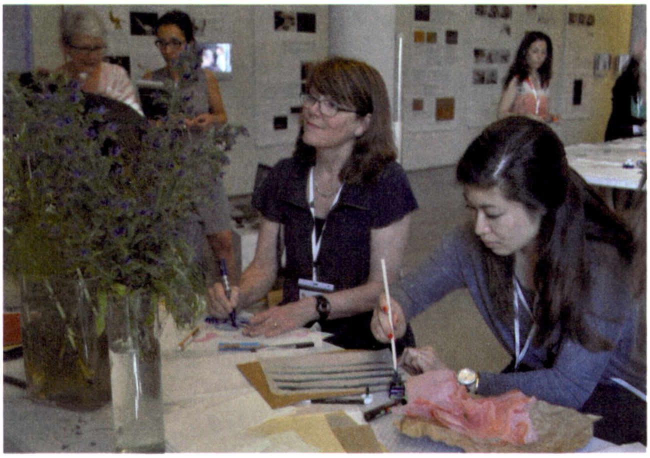

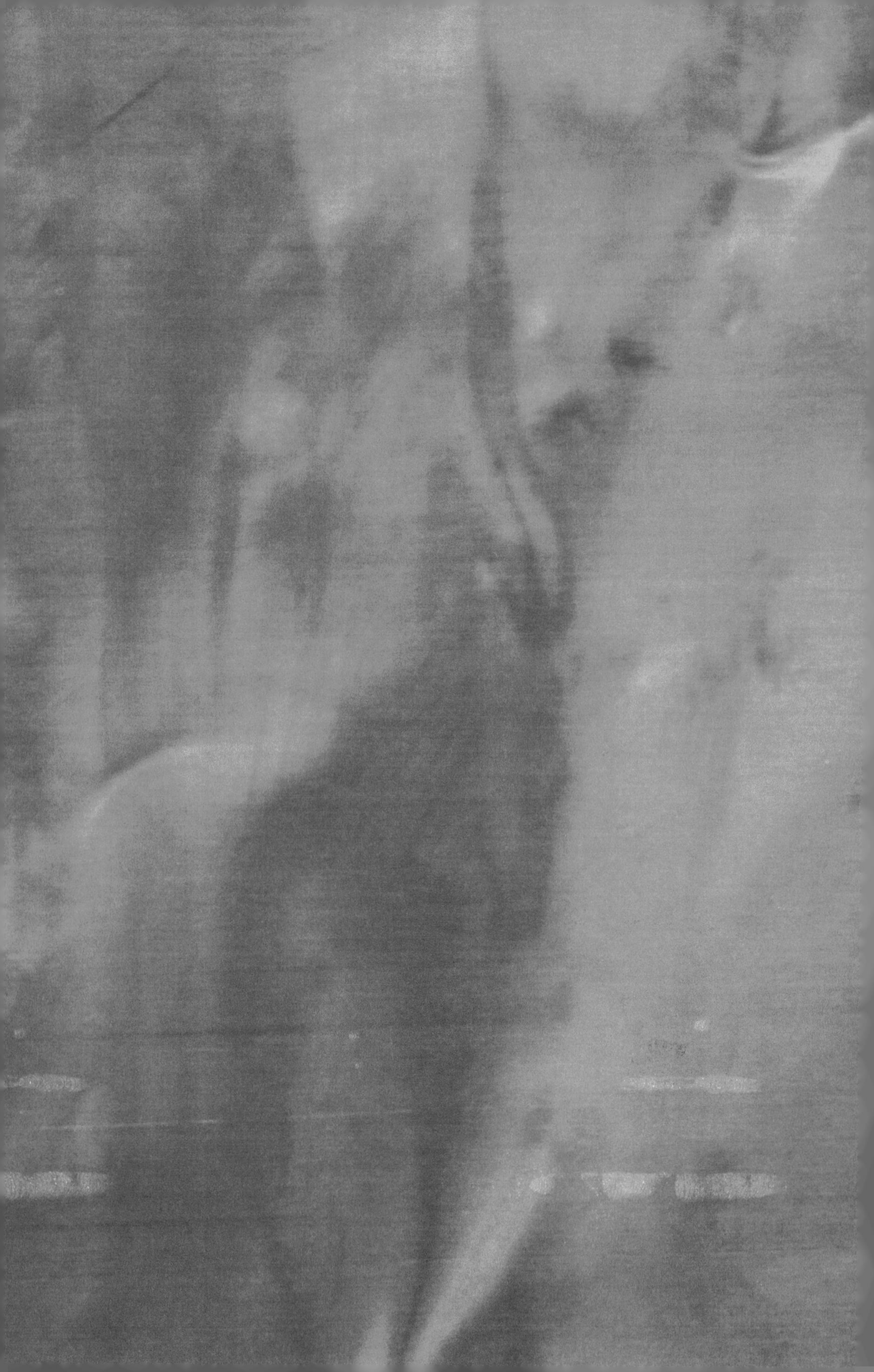

Interpretações e aprofundamentos

{Interpretações e aprofundamentos
Hipóteses interpretativas

Observando e documentando o trabalho feito, e em parte aqui exposto e comunicado, tentamos fazer algumas hipóteses interpretativas.

- O desejo e a competência para dar forma narrativa aos próprios gestos e aos próprios desenhos é inerente às relações humanas, antes mesmo de uma expressão linguística.
- Surpreende, como sempre, o pensamento essencial e poético expresso pelas crianças. Sobretudo na parte inicial da mostra, é visível uma estrutura poética da qual nos aproximamos através de uma síntese metafórica livre, as estruturas dos haikais japoneses: através de formas mínimas de escrita poética (no nosso caso, gráficas e verbais), são colhidos burburinhos, cores, sensações de grande intensidade. E, como nos haikais, "o fato de a palavra recair logo no silêncio valoriza a palavra". Somente a linguagem poética consegue definir a neblina "como respiração visível, macia da paisagem" e na linguagem verbal das crianças, encontramos frequentemente essas concentrações poéticas na definição dos sujeitos tratados.
- A relação entre instrumentos gráficos, tonalidades cromáticas, suportes, imagens mentais e palavras está sempre presente nas crianças de todas as idades que participaram da investigação. São relações, certas vezes, vistas por nós através de espirais de percepções e sensações visuais, táteis e auditivas, e outras vezes visíveis de modo explícito e fulminante.
- As superfícies que acolhem o desenho se revelam com mais evidência, com relação às nossas expectativas, como geradoras do processo criativo.
- A empatia perceptiva confirma o seu papel decisivo na construção de conexões e de busca de significados.
- Sobretudo nas crianças menores, observamos uma expressividade corporal evidente: a experiência gráfica e verbal é acompanhada por mímicas faciais, gestos, movimentos do corpo, tonalidade da voz, ritmos que abrem a performance de grande teatralidade.
- Explorando os instrumentos, acontecem inevitavelmente imprevistos (acidentes técnicos, como definidos pelos adultos) que as crianças acolhem com curiosidade, desenvolta alegria e interpretações criativas e funcionais para o conto gráfico e para a narrativa.

A transparência das folhas chama de forma particular a atenção das crianças e é frequentemente utilizada como estratégia de mudança do conto gráfico: as transparências se sobrepõem facilitando simultaneamente o desenvolvimento da trama e a animação do conto.

- Confirmamos uma grande capacidade de acolher o ponto de vista do outro e de desenvolvê-lo com pertinência. Os desenhos individuais resultam, com frequência – por empatia, curiosidade, participação – em reinterpretações gráficas de várias crianças.

Como ideias subjetivas de histórias, deixam espaço a intervenções de outras crianças ou se tornam narrativas coletivas com várias vozes.

- Percebemos o risco, no ambiente escolar, de uma subtração de instrumentos e técnicas exploradas e utilizadas pelas possibilidades expressivas que oferecem. Isso significa, de fato, uma subtração de experiências e processos interessantes e enriquecedores. É importante especificar (e não é uma contradição) que, até mesmo com um só lápis, podem-se alcançar sensibilidades técnicas e expressivas importantes. Porém, isso requer uma boa consciência estética e poética do desenho, considerá-lo uma linguagem importante para a construção do conhecimento e propô-lo, sem mortificar, como infelizmente acontece com frequência, originalidade e criatividade expressivas e cognitivas.
- Pensamos que o desenho e o conto verbal trazem no entrelaçamento das duas linguagens, uma riqueza expressiva e cognitiva que ressurgirá também quando cada uma das duas linguagens for retomada de maneira autônoma.

{Interpretações e aprofundamentos
Coreografias
de Vea Vecchi

A mostra apresentada aqui é leve, *perigosamente leve*, porque pode parecer, para olhos um pouco míopes, quase óbvia, já vista, já passada. Trata-se, porém, de obras interessantes, que dizem e confirmam algumas hipóteses (arriscando) *antropológicas*, enquanto as obras das crianças comunicam, com clareza surpreendente, algumas percepções básicas pertencentes à nossa espécie.

Uma sensibilidade aos estímulos perceptivos imediata, fluida, que passa com grande receptividade e ressonâncias do tátil ao sonoro, ao visual, constrói imagens mentais e se conjuga com desenvoltura com a linguagem verbal. Uma espécie de sinestesia dos sentidos e um acender-se do imaginário, onde as percepções se *"animam, unindo-se uma a outra"*, necessárias uma para a outra, porque é na combinação que ganham significado.

Comentar o material criado pelas crianças não é simples, porque estamos cientes de que se corre o risco de separar mais uma vez a parte iconográfica da linguística, as mãos que exploram, escutam, falam, das palavras que veem e percebem.

Se, nos textos, privilegiamos um aspecto ao invés de outro, é somente para procurar aprofundar alguns âmbitos de exploração e expressividade das crianças: na aparente separação das linguagens – perceptiva e linguística – o esforço é sempre o de manter unido o todo, conscientes de que, se conseguirmos, podemos multiplicar as conexões entre as diversas partes, ampliando os olhares e aprofundando a compreensão do trabalho feito.

Na apresentação da mostra e nos textos posteriores, são confirmadas a importância e a beleza da linguagem gráfica, da riqueza que ela doa à mente, aos olhos e aos sentidos, com os quais nos relacionamos com o externo, pois é difícil não elogiar as qualidades cognitivas e imaginárias que essa linguagem oferece a quem a frequenta e a explora com participação e assiduidade.

Nas creches e nas escolas da infância, felizmente, desenha-se, mas projetos como esse (e como outros que o antecederam), que possuem como sujeito o desenho, são úteis para não apagar ou diminuir a consciência sobre a importância do processo realizado até a chegada ao produto gráfico final.

Não nos cansaremos nunca de repetir o quanto a inteligência e a criatividade, vistas ou descobertas no processo gráfico, são preciosas para nos fazer conhecer, estimar e apreciar todos os autores e nos fazer compreender melhor a riqueza de uma linguagem como essa. Uma linguagem muito frequentemente desvalorizada na cultura escolar difundida.

Não queremos esbravejar, mas são realmente numerosos os exemplos de um cotidiano no qual são sistematicamente subestimadas as repercussões negativas, para cri-anças e para adultos, que derivam de uma desatenta e homóloga cultura visual e o quanto isso subtrai das possibilidades de conhecimento das crianças.

Este é o terceiro ano consecutivo em que, juntamente a outros projetos, o traço é objeto de atenção: iniciou-se com *Traços gráficos na cidade*, onde todas as escolas e creches escolheram um lugar no centro da cidade que acolhesse um desenho, projetado e desenhado pelas crianças, que se colocasse em relação com o espaço escolhido. Um processo de escuta ambiental. No ano seguinte, o sujeito foi *A figura humana multiplicada entre desenho, argila, fotografia*, em que se procurou observar e documentar o processo construtivo e expressivo verificado pelo transitar da figura entre técnicas e materiais expressivos diversos. Um exercício criativo difícil até mesmo para os adultos, que requer inexplorados treinos mentais e operativos.

Neste ano, o projeto propõe, de alguma maneira, uma escolha de base: *os brilhos que se acendem nas relações entre instrumentos, suportes e palavras*.

De fato, o nosso projeto previa mais fases, mas as crianças *pularam as etapas* e, como acontece sempre, devolveram-nos logo processos e produtos de grande interesse, sem necessidade de propostas posteriores.

Tivemos confirmações, e, como sempre, também algumas surpresas. Ficamos tocados pela voracidade, seriedade e felicidade das crianças da creche, enquanto realizavam os seus desenhos, pelas qualidades expressivas atribuídas por elas aos suportes materiais, que logo se tornaram protagonistas da trama narrativa gráfica e verbal, como se, assim que escolhidos, já refletissem uma parte importante do traço gráfico e da palavra. Surpreendeu-nos a atitude curiosa e lúdica dos autores, capazes de transformar em oportunidades criativas os acidentes técnicos que aconteceram durante o percurso, e também as brincadeiras e percepções ousadas dos mimetismos do branco sobre branco e do preto sobre preto, ou as situações nas quais a relação entre a orientação da folha e a luz variavam e recriavam desenhos diferentes.

Poderíamos continuar, mas nos limitamos a esses primeiros comentários. Esperamos e desejamos que seja possível uma participação cotidiana das crianças em contextos oferecidos dentro da escola (seria utópico estender o desejo também para fora da escola?), onde as primeiras relações *naturais* – entre instrumentos gráficos, materiais e palavras – tratadas nesta mostra possam avançar, refinar-se, até mesmo trair as sinestesias imediatas, para evoluírem em conexões e idealizações cada vez mais conscientes e criativas.

{Interpretações e aprofundamentos
O desenho na creche
de Mirella Ruozzi

As crianças podem viver as suas relações com a natureza e as suas coisas com amorosa intensidade. Uma intensidade que reverbera nas suas representações e até mesmo nos seus gestos.
(Loris Malaguzzi)

Soberanos sensitivos

As crianças começam a desenhar quando o traço ainda não se fez tangível, isto é, visível. São traços que contêm o prazer do gesto, da voz, do corpo que os gerou. São traços impenetráveis, imprevisíveis, invisíveis. O traço é o que foi deixado, é um sinal de descoberta. Os traços sempre contam algo.

Algumas vezes, parece que colhemos testemunho desses traços no comprometimento e no prazer com que as crianças traçam gestos no ar ou deixam marcas sobre superfícies improváveis: na costa próxima ao mar, em um vidro embaçado, na neve... Um desafio contra as ondas do mar que levam os traços embora... ou o desvanecer do traço no vidro embaçado... desafio permanente feito por uma nova marca, pela espera de uma nova transformação no fluir do tempo...

Esses traços se alimentam das percepções ativadas naquele contexto: a areia molhada, a onda na costa, sob os pés, o ar entre os cabelos. Os traços contêm essas sensações, esses conceitos que permanecem, até mesmo quando se definem como *desenhos*.

Eu gosto de definir o desenho como uma viagem, onde a criança é um viajante à descoberta de si e do mundo, curiosa, que observa cada ângulo, cada centro, cada fronteira daquele espaço/papel, cada paisagem que ganha forma e vida naquele papel, pronta para se maravilhar e para colher a emoção, a sugestão e as potencialidades expressivas daqueles sinais/desenhos.

Justamente por isso o que negativamente chamamos de "rabisco" é um conjunto de imagens, um lugar em que ganham vida significados e conceitos, onde os traços podem ser essenciais ou entrelaçados em um novelo aparentemente incompreensível.

A investigação: desenhos, palavras, matéria

Os limites da minha linguagem significam os limites do meu mundo.
(Ludwig Wittgenstein)

A investigação proposta às crianças da creche à escola da infância foi propositadamente rica de matérias que *deixam* marcas e de matérias que *acolhem* as marcas, colocando a atenção na linguagem verbal que surge a partir dela. Às crianças foi feita a proposta, em alguns dias, de experimentarem as matérias e tentarem deixar marcas.

Foram muitas as dúvidas e as perguntas que, nós, professoras das creches, fizemo-nos, projetando e preparando os contextos, testando as matérias e tentando fazer diversas prefigurações e hipóteses.

O que aconteceria se, juntamente à costumeira caneta hidrocor, também oferecêssemos para o desenho instrumentos pouco conhecidos por crianças e adultos (como o carvão vegetal e a grafite sanguínea, a caneta-tinteiro...)?

Quais sensibilidades e atenções essas novas identidades de traços gerariam?

O que pode contar um traço de carvão vegetal sobre um papel ondulado ou uma folha transparente?

Qual contexto oferecer às crianças da seção dos pequenos – de 8 a 16 meses – que levasse em consideração as suas competências?

De fato, para todas as crianças o encontro com os materiais e os instrumentos propostos gerou o desejo, maravilhado e às vezes desorientado, de experimentar, explorar e colocar em relação, com diversas estratégias, o todo, ativando palavras e contos verbais.

Nós também, professoras, certas vezes ficamos desorientadas. Nunca é fácil se colocar no lugar das crianças: sentíamos o limite das nossas competências, a dificuldade para compreender o que estavam elaborando naquele "trânsito" a que estavam assistindo, com aquela espécie de "gula" que as mesas cromáticas tinham suscitado.

À primeira vista, a situação podia parecer caótica.

Como sempre, a observação e a documentação realizada (com filmagens em vídeo e observações escritas) e logo revista nos permitiu saborear e entender melhor o que havíamos percebido na multiplicidade das ações e relações das crianças.

O elemento relevante de uma criação não consiste em um trabalho único ou na soma de todos os trabalhos, mas no processo de flutuação e de contínua transformação oferecida pela sequência de tentativas.
(Pablo Picasso)

As palavras de um grande artista como Picasso nos ajudam a projetar nova luz sobre o longo caminho que as crianças percorrem ao darem forma às suas linguagens.

Pesquisas de experimentações – sobrepostas, contrapostas, lado a lado – em que o mesmo sinal escorreu, saltou, ondulou, parou, cantou em diversos suportes matéricos, ou foi indagado e revelado com a contribuição da luz da janela ou da mesa de luz.

"É lindo, é lindo, é lindo!", Viola declara várias vezes, confirmando o resultado das suas novas experimentações... As crianças, mesmo muito pequenas, procuram dar um sentido e encontrar um prazer, também estético, ao próprio desenho.

{Interpretações e aprofundamentos
Notas sobre a linguagem verbal
de Deanna Margini e Paola Strozzi

As crianças conhecem algo sobre a linguagem verbal que as aranhas não sabem sobre a teia de aranha.
(A. Karmiloff Smith)*

A tensão e a intenção da linguagem verbal, às vezes antecede, às vezes segue e às vezes acompanha, de maneira silenciosa ou declarada, o gesto gráfico.

Nas experiências recolhidas nesses últimos meses, a linguagem verbal das crianças parece interrogar e interpretar os acontecimentos, o *drama* (do significado original grego de *ação*), antes mesmo dos sujeitos, conectando gesto, sensorialidade e palavra, uma conexão já visível na creche, onde a palavra pronunciada por alguém gera, como uma pedra em um lago, uma espécie de eco com variações, uma longa espiral, mais que círculos concêntricos, como nos mostram Lorenzo, Nicolas e Andrea, que ainda não têm 3 anos, na história *A moscona e a mosquinha*.

Histórias que nos revelam como a mente de uma criança trabalha em uma situação de intersubjetividade, gerando imagens mentais entre percepções visuais, cinestésicas e linguísticas.

Já na creche, e com mais expressões linguísticas na escola da infância, observamos a troca de significados entre a consistência da matéria dos suportes, dos instrumentos e dos imaginários que dizem respeito ao âmbito da metáfora quando, adjetivando um sujeito com o nome que é próprio de outro (por exemplo, o "papel gatoso" de Gaia), a palavra rompe a unicidade da relação palavra-sujeito e torna a linguagem tão polissêmica quanto ambígua.

Por isso, como sustentam muitos linguistas, a metáfora não diz respeito tanto ao âmbito do real (atribuído à linguagem filosófica e científica), quanto ao do provável, do verossímil (típico do discurso poético).

Frequentemente, na escolha dos instrumentos e das palavras, observamos uma interrogação das crianças sobre as analogias e sobre os contrários: branco sobre branco ou branco sobre preto; dia, noite; bom, mau, etc. O pensamento se forma por duplas: a ideia de *mole* não se forma antes ou depois da ideia de *duro*, mas simultaneamente, em um conflito que é gerador. Henry Wallon escreve: "O elemento fundamental do pensamento é aquela estrutura binária, não cada um dos elementos que a compõe. A dupla, o par são anteriores ao elemento isolado".**

Sensações táteis, imagens mentais, expressões verbais e jogos linguísticos; traços e imagens gráficas se perseguem e se alimentam mutuamente.

---

* A. Karmiloff Smith. *Oltre la mente modulare*, Il Mulino, Bologna, 1995, (cap. 2, *Il bambino come linguista*).

** H. Wallon. *Le origini del pensiero nel bambino*, La Nuova Italia, Scandicci (Fi), 1970.

Crianças que ainda não completaram 3 anos utilizam diversos elementos verbais (substantivos, adjetivos, verbos) que não só explicam mas, justamente enquanto são usados, constroem significados. Escreve Steven Pinker: "As línguas são organizadas mais ou menos como produtos Crayola, em que às cores básicas são acrescentadas as mais extravagantes... o modo em que vemos as cores determina o modo com que aprendemos os seus nomes e não vice-versa".*

Apreciamos não só as palavras, frases e contos, mas também como tudo isso ganha forma em um ambiente sonoro, feito de ritmos, de pausas, de tonalidades, de silêncios, de ênfases, de risadas... e de um potente jogo simbólico sustentado pela palavra "*se...*": uma brincadeira que abre um mundo imaginário e linguístico.

É um mundo sustentado com força, no cotidiano da creche e da escola da infância, pelos adultos que fazem sugestões, com palavras ou com contextos que interrogam: "Oh, olha... o que parece...?!"

É a maneira mais humana de se comunicar, para inventar, na intersubjetividade, universos de significados.

---

* S. Pinker, *L'istinto del linguaggio. Come la mente crea il linguaggio*, Mondadori, Milano, 1997.

{Interpretações e aprofundamentos
O complexo desafio da formação
de Daniela Lanzi e Annalisa Rabotti

A mostra *Mosaico de traços, palavras, matéria* nasce no ano letivo de 2013/2014,* como ocasião de formação para os professores, atelieristas e pegagogistas envolvidos.

O projeto de formação anual, que a coordenação pedagógica propôs ao seu pessoal desde o ano letivo de 2012/2013, identificava um objetivo claro e audaz: qual currículo há nas creches e nas escolas da infância de Reggio Emilia?

Uma questão "calorosa" atual, fundamental nos debates nacionais e internacionais sobre a escola, a educação, o conceito de aprendizagem.

Algumas intenções, em especial, pareceram-nos estratégicas para o trabalho cotidiano "dentro" dos serviços: reatualizar o tema do pensamento projetual, através da análise e das recognições da documentação e da autorreflexão sobre as práxis, incrementando assim a capacidade argumentativa e comunicativa sobre o "fazer educativo".

A escolha de aprofundar conteúdos e didáticas foi voltada ao objetivo de exercitar um pensamento ecológico, conector e interdisciplinar.

A temática *desenho e narrativa*, dentro da qual a mostra nasceu e se construiu, tinha alguns pressupostos culturais: o desenho é "mente apoiada sobre a superfície" e encontra, na reciprocidade com a narrativa simbólico-verbal, uma forte potencialidade para construir conhecimento, para associar significados emergentes entre as linguagens.

O desenho dialoga com o mundo interno e externo das crianças, potencializa a sua disponibilidade e sensibilidade empática de entrar em relação com o sujeito desenhado e evocado. Nessa interação, a linguagem gráfica é "naturalmente" complementar à dimensão narrativa. A narrativa, de fato, conecta as competências da linguagem, as experiências e a construção dos significados, através do prazer de in-

Outubro de 2013. Encontro de trabalho com as quatro creches envolvidas no projeto.

* N. de R.T.: Na Itália, o ano letivo se inicia em setembro e se conclui em junho do ano posterior.

Novembro de 2013. Encontro com as professoras da creche: hipóteses de preparação do ambiente, escolha dos materiais e dos instrumentos de observação.

ventar, transformar, dar forma aos imaginários e às emoções.

Para aprofundar e tornar visível o entrelaçamento entre as linguagens do desenho e da narrativa, deu-se forma a um contexto variado com a oferta de instrumentos e suportes diferentes e foi elaborado um instrumento específico de observação do processo gráfico-narrativo. Além disso, foi articulado um instrumento de trabalho capaz de oferecer aos professores indícios projetuais relativos a três âmbitos:

1. o âmbito das conceitualidades, isto é, o tecido cultural e teórico de referência da pesquisa;

2. o âmbito dos objetos e dos sujeitos de investigação e aprofundamento;

3. a perspectiva de recognição, isto é, o ponto de vista escolhido para observar, documentar e interpretar.

A escolha, já compartilhada no início do percurso, de dar visibilidade aos projetos e às elaborações das creches e das escolas, estruturou-se tanto mediante a mostra, quanto através da nona edição de Reggionarra (sobre a qual será falado mais adiante, neste capítulo): ambas as situações, mesmo de maneira e com formas diferentes, representaram uma extraordinária e geradora oportunidade de construir *in itinere** percursos projetuais e refletir de maneira constante sobre o papel do adulto, a sensibilidade de escutas das crianças e dos adultos e sobre como a documentação é uma estratégia para tornar visível a aprendizagem.

Idealizar e realizar uma mostra entrelaçada a um percurso de formação é, para nós, estratégia habitual e importante para os processos ativados durante o percurso. Por exemplo:

- Construção *in itinere* de hipóteses projetuais: de uma tabela comum a percursos subjetivos das creches e das escolas da infância envolvidas.

---

* N. de T.: Lê-se *in itinere* no sentido do que é construído durante o processo.

Janeiro de 2014. Encontro de seção e workshop com os pais.

Abril de 2014. Atelieristas, professores e pedagogistas refletindo sobre as sínteses de interpretação e os esboços de diagramação.

Quando o adulto projeta, se ocupa e se preocupa com os processos de socioconstrução do conhecimento. Esses processos são, principalmente, de natureza metacognitiva, isto é, formas de pensamentos reflexivos sobre o que está sendo feito.

- Possibilidades de ativar um contexto de aprofundamento rigoroso, mas não rígido: não uma pesquisa de laboratório, mas uma observação ecológica em contextos sensíveis, em que as crianças e os adultos tiveram tempo para pensar, fazer experimentações, procurar, criar, entender, construir significados.
- Reflexão dos professores sobre sínteses de interpretação, não no final do percurso, mas durante: um pensamento projetual que interpreta a recognição como possibilidade para "ajustar" as ideias, as propostas, a criação dos contextos e as hipóteses de trabalho.

É profundamente fecunda a situação em que os professores, o atelierista e a pedagogista se encontram para tentar dar sentido, um significado para o que está acontecendo, trabalhando com as crianças.

- Encontros de grupo para identificar e focalizar possíveis relançamentos: os desenvolvimentos da experiência se abrem para reflexões sobre novos contextos que possam consentir a crianças e adultos o avanço nos aprendizados.

- Construção de uma hipótese conceitual e visual para dar vida à mostra: foi interessante, complexo e emocionante idealizar e compartilhar o conceito comunicativo da exposição. Passar dos conteúdos – conceituais e visuais – à preparação de uma mostra significa reinterpretar o material à disposição em uma forma comunicativa que tem uma gramática, códigos e condições específicas e possibilidades originais próprias.

Um desafio vencedor, em que "a complexidade da tentativa nunca colocou em subjeção ou paralisou o trabalho das crianças (e dos adultos): aliás, quanto mais aumentava o desafio, mais as crianças (e os adultos) aumentavam a sua persistência, entre momentos de séria concentração e momentos de pensamentos que brincavam em comum alegria" (Loris Malaguzzi).

Abril de 2014: curadores e gráficos em diálogo, durante os experimentos de preparação do ambiente.

{Interpretações e aprofundamentos
Marcas que narram: Reggionarra
de Antonia Monticelli

Um fim de semana de maio transforma Reggio Emilia na cidade das histórias: contadores de histórias profissionais e companhias teatrais, junto a pais que se oferecem como contadores, animam múltiplos lugares da cidade, que se tornam espaços narrativos dedicados à escuta. Reggionarra é um projeto cultural que nasceu em 2006, no âmbito da Instituição Escolas e Creches da Infância e da Reggio Children, em colaboração com diversos sujeitos públicos e privados da cidade, que anualmente envolve crianças e pais das creches e das escolas, cidadãos e públicos de outras cidades.

Um projeto cultural que nasce da convicção de que cada pessoa possui um talento natural para contar que consegue transformar cada pequeno acontecimento cotidiano em uma extraordinária experiência de vida. A narrativa é para o ser humano, desde o nascimento até tenra idade, uma maneira de conhecer, de elaborar as experiências, de atribuir e compartilhar significados, de criar conexões entre as coisas e os acontecimentos, de participar do imaginário coletivo da humanidade.

Um pensamento narrativo que pertence ao ser humano e que pode surgir, expressar-se, comunicar mais e melhor se estão disponíveis linguagens e técnicas diversas.

Nessa moldura, deu-se início a percursos projetuais, que mantiveram entrelaçados o plano de formação e da participação dos pais ao plano da didática. Como testemunhado pela mostra, cada desenho engloba em si um potencial narrativo, disponível para ser colhido e narrado novamente.

O percurso de formação voltado para os pais das escolas e das creches, que participaram do curso sobre a narrativa *O círculo das palavras*, conduzido por Monica Mori-

10 de maio de 2014: contação *O vagalume e o dragão*, Centro Internacional Loris Malaguzzi, Reggio Emilia.

ni, em colaboração com o Laboratório Teatral Gianni Rodari, procurou entrelaçar a narrativa das crianças à dos adultos.

Os pais se tornaram intérpretes das investigações gráfico-narrativas realizadas pelas crianças nas creches e nas escolas, desenvolvendo-as em contos que possuíam como sujeitos as suas histórias e os seus imaginários.

As contações dos pais souberam valorizar as *marcas que narram* das crianças, emocionando e transformando o imaginário coletivo.

Sob essa ótica, o projeto Reggionarra se oferece como lugar de uma fusão feliz entre a arte do contar histórias e uma participação difundida, voltada a construir coesão social entre diversas culturas e gerações e enriquecimento cultural para todos.

10 de maio de 2014: contação *Histórias de girafas*, sob a curadoria dos pais contadores, Chiostri di San Domenico, Reggio Emilia.